ELOGIOS PARA ¡___ __ _____ __ _____
QUE SER PERFECTAS!

....

¡Las mamás no tienen que ser perfectas! es un **manual obligado de supervivencia para madres de todas las edades.** Jill Savage habla acerca de cómo una madre imaginaria con una casa limpia, un esposo ideal, unos hijos ejemplares, y libre de problemas o luchas en realidad no existe. Jill comunica con transparencia consejos prácticos acerca de cómo responder adecuadamente a situaciones difíciles y cómo hacer de tu hogar un refugio para tu familia que glorifique a Dios.

—MICHELLE DUGGAR, *madre de 19 hijos*

Cada día escuchamos en Enfoque a la Familia acerca de madres que, a pesar de amar lo que hacen, están exhaustas. Jill Savage comprende esta frustración porque la ha vivido. **Desearía que toda madre pudiera leer ¡Las mamás no tienen que ser perfectas! Es un libro lleno de sabiduría, humor y gracia.**

—JIM DALY, *presidente de Enfoque a la Familia*

Jill me da licencia para ser exactamente lo que soy… una mujer, esposa y madre imperfecta a quien Dios acepta perfectamente. **Este es un mensaje pertinente que apunta directo a la necesidad del corazón de la mujer.** El mensaje de Jill ayudará a liberar a la mujer atada al perfeccionismo, ¡y al mismo tiempo evitar que las jóvenes se contagien de la plaga del perfeccionismo!

—JENNIFER ROTHSCHILD, *autora de varios libros y fundadora de Fresh Grounded Faith Conferences y de WomensMinistry.net.*

Leer *¡Las mamás no tienen que ser perfectas!* ha quitado un peso de mis hombros cansados. He estado en esta labor de madre durante 24 años; ahora soy madre otra vez de un niño pequeño y aún quisiera ser "más perfecta en muchos otros aspectos". Con palabras alentadoras y bondadosas, Jill Savage ha silenciado en parte el "ruido" de la preocupación, la culpa y las expectativas, permitiéndome sintonizarme con el susurro de mi Salvador que dice: *"Te amo. Tengo un buen plan para ti y para tus hijos. Estoy contigo".*

—TRICIA GOYER, *autora de 35 libros de mayor venta*

Querida lectora, antes de abrir las páginas de este "**libro inigualable**" **de Jill Savage**, debes preguntarte si estás lista para examinar de cerca y a nivel personal quién eres como madre, esposa, hermana, mujer e hija. ¡Este libro será como una exfoliación profunda con una dulce mascarilla! La forma como escribe Jill es REAL y no da lugar a máscaras, ya que te anima y desafía a ser todo lo que fuiste creada para ser en cada uno de los asombrosos y únicos papeles que desempeñas.

—YVETTE MAHER, *pastora asociada de New Life Church*

¡Baila! ¡Da vueltas de alegría! Jill Savage ofrece el antídoto para la infección de la perfección a fin de que **todas las madres puedan criar a sus hijos libres de las expectativas imposibles de cumplir**. Vas a apreciar la calidez y franqueza de Jill en su mensaje personal que se basa en su propia realidad imperfecta. Únete al movimiento de las madres que gana popularidad en todo el país y que se propone eliminar la palabra "perfección" del diccionario de la maternidad.

—LORAINE PINTUS, *autora de varios libros, conferencista e instructora de escritura.*

Madres imperfectas, ¡únanse! Cada madre que ha olvidado recoger a su hijo después de un entrenamiento de fútbol, que ha preparado un almuerzo con palitos de queso y paquetes de pudín, o que ha llevado a su familia cinco noches seguidas a cenar a un *drive-thru*, ha encontrado una aliada. Con calidez, gracia, y relatos basados en la experiencia y los errores personales, Jill Savage nos guía a todas las madres imperfectas a la amorosa dimensión de nuestro Dios perfecto. Te aliviará saber que hay esperanza para todas las madres que estamos lejos de ser perfectas.

—**KATHI LIPP**, *conferencista y autora de varios libros*

¡Vaya! Todas las madres deberían recibir este libro cuando nace su primer hijo. Como madre experimentada, me veo reflejada en cada capítulo, ¡y me pregunto si Jill se ha escondido en mi despensa para tomar apuntes! De principio a fin, *¡Las mamás no tienen que ser perfectas!* de Jill Savage es oportuno, práctico, y el remedio perfecto para toda madre que lucha con el sentimiento de "insuficiencia". El examen que hace Jill de la infección de la perfección es algo que toda madre necesita oír. Sus ejemplos personales son sencillos, y su empatía es palpable, puesto que señala el camino a la gracia con valentía y compasión. Sueño con vivir en un mundo donde las madres podamos aceptarnos unas a otras "tal como somos", y al mismo tiempo ayudarnos mutuamente a cumplir totalmente el llamado de Dios como madres y como familias. Yo me consideraba una mamá "auténtica", pero *¡Las mamás no tienen que ser perfectas!* **me ha desafiado a buscar nuevos niveles de autenticidad.** Gracias Jill por dar a las madres licencia para ser obras inacabadas.

—**SALLY BAUCKE**, *conferencista, humorista, funnygalsal.com.*

¡LAS MAMÁS NO TIENEN QUE SER PERFECTAS!

¡LAS MAMÁS NO TIENEN QUE SER PERFECTAS!

¡Aprende a amar la realidad de tu vida!

JILL SAVAGE

EDITORIAL
PORTAVOZ

La misión de *Editorial Portavoz* consiste en proporcionar productos de calidad —con integridad y excelencia—, desde una perspectiva bíblica y confiable, que animen a las personas a conocer y servir a Jesucristo.

Título del original: *No More Perfect Moms,* © 2013 por Jill Savage y publicado por Moody Publishers, 820 N. LaSalle Boulevard, Chicago, IL 60610. Traducido con permiso.

Edición en castellano: *¡Las mamás no tienen que ser perfectas!* © 2015 por Editorial Portavoz, filial de Kregel Publications, Grand Rapids, Michigan 49505. Todos los derechos reservados.

Traducción: Nohra Bernal

EDITORIAL PORTAVOZ
2450 Oak Industrial Dr. NE
Grand Rapids, Michigan 49505 USA
Visítenos en: www.portavoz.com

ISBN 978-0-8254-1351-3 (rústica)
ISBN 978-0-8254-0838-0 (Kindle)
ISBN 978-0-8254-7952-6 (epub)

2 3 4 5 / 19 18 17 16 15

Impreso en los Estados Unidos de América
Printed in the United States of America

Para mis hijas Anne y Erica:
Que su aventura de la maternidad esté llena de amor, gracia,
y la libertad de ser auténticas.

CONTENIDO

Introducción

arece oportuno escribir hoy la introducción de este libro. Es el primer día de mi hija como madre de dos pequeños. Tuve el privilegio de acompañar la llegada de Landon William McClane a este mundo hace menos de veinticuatro horas. La llegada de otro hijo a una familia, ya sea por nacimiento o adopción, está acompañada de esperanzas, sueños, y nuestras mejores intenciones como madres. He experimentado esto en cinco ocasiones, cuatro por nacimiento y una por adopción. Con cada nuevo miembro he renovado mi anhelo de ser la mejor madre que puedo ser. Deseaba dar a cada hijo las mejores oportunidades. Soñaba acerca de lo que llegarían a ser. Tenía esperanzas para su futuro.

Y luego viene la realidad.

Cuando el hijo número uno hizo un berrinche en la tienda, gritando a todo pulmón en un lugar público, me sentí muy avergonzada. Cuando fui testigo de esa clase de escenas *antes* de tener hijos, prometí que mis hijos nunca harían algo semejante. Cuando mi hijo adolescente se salió de la casa a escondidas y tuve que atender a un oficial de policía en la puerta de mi casa a las tres de la madrugada, no podía creer que uno de *mis* hijos hiciera algo semejante. La verdad es que ahora que soy madre me hallo en toda clase de situaciones que jamás creí experimentar.

· · · · · · · ·

Los niños no duermen mucho, y con demasiada frecuencia me siento agotada. Los míos no aprendieron a ir al baño tan rápido como otros niños de su edad. Cuando mis adolescentes crecieron y empezaron a tener sus propias opiniones, con mucha frecuencia estaban convencidos de que sabían mucho más que yo.

Dentro de mí empiezo a pensar: "¿Qué me pasa?".

Soy menos paciente de lo que pensé que sería. Peso más de lo que deseaba. Mis hijos son más obstinados de lo que esperaba. Mi casa parece siempre un desastre. A veces mi matrimonio no es la historia de "vivieron felices para siempre" que yo soñaba.

Dentro de mí empiezo a pensar *no estoy a la altura, estoy fallando como madre, mis hijos no se comportan como sus hijos, mi casa no se ve como su casa, mi cuerpo no luce como su cuerpo, mi esposo no ayuda como su esposo. ¿Qué me pasa?*

¿Alguna vez te has sentido así? ¿Te has preguntado qué pasa contigo, con tu familia, con tus hijos?

Nada malo pasa contigo o con tu familia. Eres normal. Tus frustraciones son normales. Tus decepciones son normales. Tus luchas son normales. De hecho, esa es la idea de este libro, decirte con toda certeza que eres normal.

No existen mamás perfectas (solo mujeres que dan una buena impresión). No existen niños perfectos (solo niños que se visten bien y se comportan bien cuando los ves). No existen casas perfectas (¡solo algunas donde esconden bien el desorden!). No existen cuerpos perfectos (¡solo algunos que han descubierto la belleza de Spanx!).

La perfección no existe, pero desafortunadamente gastamos mucho tiempo y energía persiguiendo el esquivo espejismo de cuya existencia estamos convencidas. Por buscar la perfección nos perdemos las cosas más valiosas de la vida: reírse de tonterías, el gozo de la espontaneidad, las lecciones que enseñan los fracasos, y la libertad que otorga la gracia.

. . . .

Hagamos juntas un recorrido para descubrir las realidades de lo "normal". Dejemos de tratar de encontrar lo "perfecto" y abracemos lo "auténtico". Oigamos algunas historias reales de mamás reales. Acompáñame, y creo que descubrirás que no estás tan sola como a veces piensas.

Por buscar la perfección nos perdemos las cosas más valiosas de la vida.

CAPÍTULO 1

LA INFECCIÓN DE LA
perfección

*E*l teléfono sonó en el típico caos de la hora entre el final de la jornada escolar y la cena. Preparaba una ensalada para la cena (que traducido es: desocupé una bolsa de lechugas en una linda vasija de vidrio y eché algunos tomatitos cherry para darle un toque de color), ayudaba a dos niños a hacer su tarea y trataba de mantener lo suficientemente ocupado a mi hijo de cuatro años para que no lloriqueara por la cena.

Tomé el teléfono y lo sostuve entre mi hombro y mi oreja, respondí con un breve "Hola, soy Jill". La voz al otro lado de la línea sonaba, a todas luces, emotiva. "Mami, soy Erica. ¿Te olvidaste de mí?".

Rápidamente hice un conteo de cabezas: uno, dos, tres… cuatro. ¡Oh, no! *Erica no está aquí. Pensaba que todos mis polluelos estaban en el nido, pero había uno que estaba en el entrenamiento de baloncesto, ¡y se me pasó por completo que no estaba en casa y que debía ir a recogerla!*

No podía mentir. "Erica, ¡lo siento mucho! —me disculpé—. Olvidé por completo ir a recogerte. ¡Voy para allá ahora mismo!".

∙∙∙∙∙∙∙∙

El suspiro al otro lado del teléfono ahondó mi sentimiento de culpa. *¿Cómo podía olvidar a mi propia hija? ¿Qué clase de madre hace algo semejante? ¿Me perdonará algún día?*

¡Bienvenida a la vida real! Si nos decimos la verdad, todas tenemos historias como esta para contar. No existen mamás perfectas.

REALIDAD Y APARIENCIA

Como la mayoría de las madres, ingresé a la escena de la maternidad con el deseo de ser la madre perfecta. Leí. Me preparé. Planeé. Soñé. Estaba decidida a organizar todo desde la elección del detergente para la ropa que convenía más a su piel hasta elegir la mejor escuela para su educación. Iba a ser una súper mamá. Lo haría todo y lo haría todo bien. Entonces transcurrió la vida.

Mi afán por ser la "mamá perfecta" me puso en dirección al fracaso desde el primer día.

Se dice con frecuencia que "para ver el pasado no hacen falta lentes". Una mirada retrospectiva a aquella escena al final de una tarde, once años después, me da una valiosa perspectiva que no tenía entonces. Mi hija Erica, que ahora tiene 21 años, no quedó con una herida emocional porque olvidé recogerla de su entrenamiento de baloncesto. Es una joven equilibrada que tiene una gran anécdota para contar, especialmente cuando quiere recibir un poco de comprensión o provocar unas buenas carcajadas en las reuniones familiares.

Ahora entiendo que mi afán por ser la "mamá perfecta" me puso en dirección al fracaso desde el primer día. No hay mamás perfectas, solo mujeres imperfectas que caerán del pedestal de sus propias expectativas con mayor frecuencia de la que están dispuestas a reconocer.

Una buena amiga me dijo alguna vez: "Jill, nunca compares tu realidad con la apariencia de otra persona". Ella me expresó estas palabras sabias cuando oyó, sin querer, que yo me comparaba con otra mamá después de cometer uno de mis múltiples errores. Esa poderosa afirmación me quedó grabada. Ahora me doy cuenta de que la mayoría de las mamás juegan cada día el juego de la comparación decenas de veces. Todo el tiempo nos comparamos con otras mujeres a nuestro alrededor. Y *no* damos la talla. Pero ¿cómo podemos estar a la altura? Nos comparamos con algo que no existe. Comparamos nuestra caótica realidad, nuestras luchas, fracasos, nuestra vida tan imperfecta, con la apariencia perfecta y cuidadosamente pulcra de otras mujeres. Es un juego que las madres jugamos y que nunca podremos ganar.

De modo que si insistimos en jugar el juego de la comparación (¡y la gran mayoría lo hacemos!), es hora de usar otra medida. En lugar de comparar realidades con apariencias, tenemos que comparar realidades con realidades. De hecho, eso es lo que espero hacer al hablar con franqueza en las páginas que vienen.

Si somos francas, la gran mayoría de nosotras lleva máscaras de nuestra maternidad que impide que se revele nuestra realidad. A veces las máscaras se revelan en la apariencia externa. Nos vestimos a la moda y nunca salimos de casa sin maquillaje y el cabello bien peinado. En otras palabra, en apariencia mostramos que siempre tenemos todo bajo control. Otras llevamos una máscara en nuestras conversaciones con otras madres. Nunca admitimos que tenemos alguna lucha, aun si otras expresan abiertamente sus luchas. Algunas llevamos una máscara de orgullo. Solo hablamos de lo bueno y nunca de lo malo. Fingimos ser más seguras de lo que en realidad somos.

Justin y Trisha Davis han escrito en detalle acerca de las máscaras.

Llevamos máscaras en la iglesia. Discutimos todo el camino hacia la reunión del domingo y ponemos buena cara al entrar. Fingimos ser más espirituales, más

....

19

organizadas, más maduras en nuestra fe de lo que realmente somos. Tememos que si alguien conoce nuestro verdadero yo, tendrían un mal concepto de nosotras... así que enmascaramos nuestro quebranto.

Llevamos máscaras en casa. Fingimos que todo está bien en nuestro matrimonio cuando estamos distanciados. Decimos que no pasa nada cuando en realidad han herido nuestros sentimientos. No nos sentimos cómodas siendo nosotras mismas delante de nuestro cónyuge por temor a ser juzgadas o ridiculizadas.

Lo que sucede con las máscaras es que nunca nos acercan a aquello que fuimos creadas para ser. Las máscaras vuelven superficial lo que Dios ha dispuesto que sea profundo: amistades, matrimonios, familias, iglesias. Todo en nuestras vidas se vuelve un engaño cuando elegimos fingir.[1]

¿Alguna vez has pensado en el hecho de que te engañas a ti misma cuando te pones una máscara? ¿Se te ha ocurrido alguna vez que una sonrisa fingida te impide gozar la profundidad que realmente anhelas en las relaciones?

¿Te gustaría tener una vida llena de gracia que ama en vez de juzgar?

Me gustaría poner fin de una vez por todas a la "falsedad" en la experiencia de la maternidad.

Las máscaras no nos hacen ningún bien. Nos alejan de nuestros amigos, de nuestra familia, de nuestro Dios. Y no solo eso, sino que ponerse máscaras trae juicio. Hace que nos juzguemos constantemente y que juzguemos a otros en lugar de vivir y amar por medio de la gracia.

¿Estás lista para abrazar una nueva óptica de la vida? ¿Te gustaría

1. Justin y Trisha Davis, "The Masks We Wear", http:/refineus.org (blog), 9 de mayo de 2011.

tener una vida llena de gracia que ama en vez de juzgar? ¿Quisieras dejar atrás el perfeccionismo y encontrar la libertad en la autenticidad? ¡Yo sí! Entonces, ¿por dónde empezar? A fin de comprender dónde estamos y a dónde tenemos que ir, es sabio analizar primero cómo llegamos a este punto. Meditemos en esto: ¿cómo llegó a infectar de tal manera nuestra vida el perfeccionismo?

¿CÓMO LLEGAMOS A ESTO?

Lo noté hace apenas un par de años. En el formulario de solicitud de fotografías escolares de mis hijos había una casilla que podía marcar si quería pedir "retoques". Ya sabes: quitar un grano por aquí, arreglar un cabello fuera de lugar por allá. Muchas madres ya no queremos la foto "real" de nuestros hijos. Queremos que se vean mejor de lo que son en realidad. Si nos dan la opción, preferimos quitar sus "imperfecciones" porque no nos conformamos con algo menos que perfecto. Después de todo, estamos comparándonos a nosotras y a nuestros hijos con los demás.

La tentación de compararnos con otros viene desde Adán y Eva. Adán y Eva vivieron en el ambiente más perfecto que ha existido. No había preocupaciones. Todas sus necesidades estaban satisfechas.

Satanás apareció y empezó a decirles mentiras acerca de ellos y de Dios. Compararon su situación con las mentiras del enemigo y decidieron que la vida en el huerto no era todo lo que debía ser. Obraron impulsivamente y quebrantaron la única regla que Dios les había dado: no comer de un solo árbol del huerto. A pesar de su existencia perfecta, Adán y Eva seguían sintiendo la necesidad de tener algo más, algo diferente. Sus hijos heredaron el juego de la comparación cuando Caín mató a Abel por envidia. Y la saga continúa: una historia de la Biblia tras otra evidencia que las personas siempre han jugado el juego de la comparación.

De modo que es humano comparar, sentirse insatisfecho, y

....

querer algo diferente de lo que tenemos. Pero ¿qué nos ha llevado a tratar de lograr algo tan inalcanzable como la perfección? Todos los días tenemos al culpable frente a nuestra cara. Esta generación de madres está más conectada socialmente que cualquier generación anterior. La explosión de los medios sociales en los últimos diez años nos ha conectado con más personas con las cuales podemos compararnos. Piensa en esto: basta con que nos paremos en el mostrador del supermercado y nos asaltan todos los titulares que dicen "¡Pierde 30 libras en 30 días!", "¡Conoce a la familia perfecta de Brad y Angelina!". Mientras pagamos nuestros víveres vemos imágenes de casas "perfectas", cuerpos "perfectos", y familias "perfectas" en todas las portadas de las revistas. Las fotos son retocadas en Photoshop, las historias han sido editadas, y la garantía de la perfección se sobrestima con el objetivo de vender más.

Hace más de diez años tuve el privilegio de aparecer en la carátula de una revista cristiana. ¡Vaya experiencia! Una sesión fotográfica, varios cambios de vestuario, una artista del maquillaje, ¡vaya! Nunca hubiera soñado tener una experiencia semejante. Imagina mi sorpresa cuando descubrí que mis fotos habían sido editadas: un retoque de imperfecciones aquí, más color por allá. Así es, incluso en los medios cristianos hemos caído en la trampa de la perfección. Después de todo, nuestra cultura lo exige.

Cuando ves una fotografía de la remodelación de una cocina en una revista, recuerda que esas fotos son un montaje. Así no se ve ese lugar cuando alguien cocina allí. Habría migajas en la mesa, algo pegajoso en el suelo, y un fregadero lleno de platos sucios para lavar. Cuando ves una fotografía de una familia jugando junta en una revista, en una valla publicitaria o en una propaganda, recuerda que la foto está diseñada para causar cierta impresión, y que probablemente las personas de la fotografía ni siquiera se conocen. Incluso es posible que esos actores hayan peleado con sus verdaderos cónyuges antes de salir de casa, o que enfrenten algún problema económico en su vida personal. Cuando ves fotografías de una estrella de cine que ha recuperado su peso en tan solo tres meses después de dar a luz, recuerda que no solamente es probable que haya tenido un entrenador personal y un chef, sino que las fotos hayan sido retocadas para dar la ilusión de perfección.

Mientras las revistas nos presentan imágenes irreales con las cuales comparar nuestro cuerpo real y nuestra casa real, podemos culpar a Hollywood por pintarnos una imagen irreal de las relaciones. Cada comedia presenta y resuelve algún tipo de problema en un lapso de treinta minutos. Cada película presenta algún evento o etapa de la vida que se organiza y soluciona en apenas dos horas. Seguramente muestran conflictos y desafíos a nivel de relaciones rotas, pero usualmente el bueno gana y los malos reciben su justo castigo al final del programa. Incluso los espectáculos "reality" no son reales. Han sido editados y adaptados tanto que a veces son una tergiversación de lo que sucedió en un escenario.

¡Facebook, Twitter y Pinterest son culpables también! Cuando miramos el estado que alguien escribe en su perfil, pensamos *desearía que mi hijo dijera algo así de tierno. O desearía poder decir algo así de mi esposo.* En Pinterest podemos terminar ambicionando más creatividad o mejores ideas cuando vemos todas las herramientas grandiosas de organización o los proyectos manuales que publican otras personas.

Entre más nos comparamos, más elevadas son nuestras expectativas y más se agrava nuestra infección de la perfección. Sin darnos cuenta, queremos que nuestros problemas se resuelvan en treinta minutos o en dos horas. Sin darnos cuenta ansiamos que nuestra piel luzca como la de la modelo en el comercial que acabamos de ver. Instintivamente anhelamos una linda casa con flores sobre la mesa y sin juguetes regados por todo el piso. Nuestras expectativas se nutren de un bombardeo constante de escenas e imágenes "perfectas" que vemos en nuestra sociedad bajo el asedio de los medios.

Esto no solo aumenta nuestro deseo de tener una casa perfecta, unos hijos perfectos, un cuerpo perfecto, y un esposo perfecto, sino que en realidad nos lleva a sentirnos insatisfechas con nuestra casa real, nuestros hijos reales, nuestro cuerpo real, y nuestro esposo de la vida real. Peor aún, la mayoría del tiempo ni siquiera nos percatamos de que lo hacemos. Es como una erosión sutil de nuestro sentimiento de satisfacción. Si no lo reconocemos, el descontento puede volverse decepción, y luego la decepción puede, al final, volverse desilusión. Sin embargo, la desilusión no tiene solución posible, porque lo que tú anhelas (la casa perfecta, el trabajo perfecto, el esposo perfecto) sencillamente no existe.

BAJEMOS DE LA NUBE

En la maternidad abundan los momentos mágicos: cuando recibes por primera vez a tu hijo en brazos, cuando miras a tu pequeño observar maravillado una oruga en su mano, cuando tu preescolar escribe su nombre por primera vez, cuando tu hijo en cuarto grado gana el concurso de ortografía, cuando tu hijo con necesidades especiales supera un obstáculo, cuando tu preadolescente dice "¡Eres la mejor mamá del mundo!", cuando tu adolescente se muestra respetuoso en la casa del vecino, y cuando tu joven cruza el estrado para graduarse de la secundaria o la universidad. Esos son momentos hermosos en el banco de recuerdos de una madre.

Hay otros momentos encantadores: ver a tus hijos jugar en la nieve, jugar Uno en familia, reír en la mesa, jugar juntos en el parque, acampar por primera vez, y disfrutar unas vacaciones inolvidables. A veces son momentos planeados, a veces son espontáneos, pero estos recuerdos llenos de gozo e inolvidables nos ayudan a seguir adelante.

Sin embargo, tú y yo sabemos que esos momentos no son lo

....

único que sucede las 24 horas del día, 7 días a la semana, durante los 365 días del año. La vida está llena de desafíos, responsabilidades cotidianas y relaciones difíciles. En una de mis publicaciones del blog recientes, pedí a mis amigas que dijeran en una palabra cómo se sentían ese día. Estas son algunas de las respuestas de madres en muchas partes del mundo:

Preocupada	Ansiosa	Agradecida
Estresada	Agradecida	Temerosa
Cansada	Gozosa	Traicionada
Esperanzada	Animada	Confundida
Agobiada	Abandonada	Desanimada
Triste	Tensionada	Sola
Susceptible	Enojada	Emocionada
Exhausta	Feliz	Agotada
Asustada	Ocupada	Vulnerable
Esperando	Insuficiente	Quebrantada
Bendecida	Bloqueada	

¿Te sientes identificada con alguna de estas palabras? Si es así, ¿cuáles? Sea como sea que te sientas, es obvio que no estás sola. Las respuestas son reveladoras: más del 90 por ciento de las respuestas expresan emociones negativas. ¡A veces la vida es dura! Si te sientes así y crees que nadie entiende, espero que empieces a darte cuenta de que muchas otra mujeres *sí* entienden.

No eres la única mamá que a veces se siente despreciable.

No eres la única mamá que ha gritado a sus hijos hoy.

No eres la única mamá que intenta unir dos familias para que sean una y le resulta más difícil de lo que pensó.

No eres la única mamá que ha luchado con la infertilidad.

No eres la única mamá que ha tenido problemas para establecer vínculos con un hijo adoptivo.

·········

No eres la única mamá que desea que su esposo nada más la apoye y la escuche.

No eres la única mamá que no gana lo suficiente para cubrir los gastos.

No estás sola. Estás entre amigas.

No eres la única mamá que lucha constantemente con problemas de sobrepeso.

No eres la única mamá que lucha con su fe y tratando de entender a Dios.

No eres la única mamá que critica a su esposo.

No eres la única mamá que ha dicho algo a una amiga que luego lamentó.

No eres la única mamá que siente que no tiene amigas.

No eres la única mamá que tiene luchas en su matrimonio.

No eres la única mamá que ha sufrido depresión.

No eres la única mamá que enfrenta conflictos en su matrimonio respecto al sexo y el dinero.

No eres la única mamá que tiene un hijo difícil o un adolescente rebelde.

No eres la única mamá que ha descubierto que su esposo es adicto a la pornografía.

No eres la única mamá que ha descubierto que su esposo ha sido infiel.

No eres la única mamá que no logra tener limpia la ropa y la casa.

No eres la única mamá que lleva el título de "mamá soltera".

No eres la única mamá que tuvo problemas para amamantar a su bebé.

No eres la única mamá que a veces quiere salir corriendo.

No estás sola. Estás entre amigas que luchan con los mismos problemas. Por desdicha, la mayoría de nosotras sencillamente no hablamos de estas "realidades" con suficiente frecuencia. Por eso nos sentimos solas o sentimos que hemos fallado.

....

Vamos a cambiar eso desde hoy. Puede que estemos contagiadas de la infección de la perfección, pero hay un antídoto. Pasa la página para descubrir la libertad que existe en la autenticidad.

CAPÍTULO 2

EL *antídoto*

Todo empezó con el anuncio de que Michelle Duggar, protagonista del espectáculo de TLC *Diecinueve hijos y contando*, sería la invitada especial de nuestras próximas conferencias de *Hearts at Home*. Había visto una o dos veces su programa y me intrigaba esta madre que, junto con su esposo, decidieron dejar que Dios determinara cuántos hijos habrían de tener. Aunque no compartía su convicción de prescindir del control de la natalidad, no sentía aprehensión alguna contra ellos por sus creencias. Sin embargo, ese no era el caso de muchas mujeres. Tan pronto se anunció la invitada escogida, empezaron a llegar los mensajes desagradables.

Algunos provenían de mujeres que tenían problemas de infertilidad y se sentían ofendidas por el hecho de que la familia Duggar tuviera "una porción de hijos más que suficiente". Otras alegaban que era imposible para esta pareja criar responsablemente a diecinueve hijos. Otras nos regañaban por traer a una "celebridad". En cada una de esas cartas anunciaban que no pensaban asistir a los eventos siguientes. Eso me entristeció, pero me entristeció aún más que cada una de esas mujeres (y en algunos casos "grupos de mujeres") se perdieran una increíble oportunidad de aprendizaje y de camaradería que resulta cuando se reúnen alrededor de 6.300 mujeres que entienden lo que es ser madre. Más de una docena de invitadas adicionales presentarían cerca de treinta talleres diferentes, y había una segunda conferencia general dictada por la psicóloga Julianna Slattery acerca de la búsqueda de la sabiduría. La conferencia fue una experiencia poderosa, y algunos de los mensajes que escuché ese fin de semana todavía son una inspiración para mí.

Me dolió que algunas madres dejaran que un juicio severo y crítico les impidiera disfrutar de un evento maravilloso que hubiera sido de gran provecho para ellas. Lamenté que el orgullo privara a algunas de una estupenda oportunidad para reír, aprender, y renovarse en un fin de semana planeado especialmente para ellas.

Todas luchamos con asuntos que estorban en nuestro corazón y nos mantienen comparándonos con otras. Estos problemas también prolongan la infección de la perfección en lugar de erradicarla de nuestra vida. El orgullo, el temor, la inseguridad, y los juicios perpetúan la infección de la perfección que contamina nuestro corazón y asola nuestra sociedad. Cuando esas actitudes se filtran en nuestro corazón, perdemos. Nos dejamos robar una gran experiencia, una nueva amistad, o una conversación más profunda.

¿Qué necesitamos para empezar a reconocer nuestros problemas del corazón? ¿Cómo podemos quitarnos las máscaras detrás de las que nos escondemos, consciente o inconscientemente, para gozar de la autenticidad que anhelamos? He descubierto que el cambio es parecido a cambiarse de ropa. Te quitas una prenda y te pones otra. La Biblia lo expresa de esta manera: "se les enseñó que debían *quitarse* el ropaje de la vieja naturaleza, la cual está corrompida por los deseos engañosos… y *ponerse* el ropaje de la nueva naturaleza, creada a imagen de Dios, en verdadera justicia y santidad" (Ef. 4:22-24, cursivas añadidas).

El orgullo se infiltra y a veces lo confundimos con confianza.

QUITARSE EL ORGULLO Y PONERSE LA HUMILDAD

El orgullo se infiltra y a veces lo confundimos con confianza. Sin embargo, el orgullo es compararnos, consciente o inconscientemente con otros de tal modo que parecemos mejores que los demás.

El orgullo es un ladrón. Nos roba el gozo porque nos obsesionamos creyendo que merecemos algo mejor de lo que tenemos. Nos aleja del plan de Dios para nuestra vida porque exigimos las cosas a nuestra manera. El orgullo nos roba el conocimiento porque ya creemos saberlo todo. Nos impide experimentar la sanidad porque rehusamos perdonar, y ni se nos ocurre admitir que estamos equivocadas. Nos priva de intimidad con Dios porque "podemos hacerlo todo nosotras mismas". El orgullo daña las relaciones porque dice "yo tengo la razón y tú estás equivocado". Estorba las amistades profundas porque no estamos dispuestas a ser francas y transparentes.

El orgullo se disfraza astutamente en nuestra vida. Por fuera parece confianza. Por dentro, opera como una falsa seguridad. La exigencia de los derechos es un efecto secundario del orgullo. Si alguna vez has pronunciado las palabras "eso no es justo", "yo merezco algo mejor" o "a mí me correspondía recibir…", has abrigado orgullo en tu corazón.

El orgullo es egocéntrico, se enfoca solo en lo suyo y se cuida a sí mismo. Todo es "yo y nada más que yo". Por ejemplo, el orgullo puede infiltrarse en nuestros matrimonios cuando "yo hago" se convierte en "yo lo hago mejor que tú". El orgullo nos impide disculparnos cuando estamos equivocados. El orgullo levanta muros, asfixia la bondad, y mata la intimidad.

El orgullo levanta su horrible cara en nuestras relaciones con otras madres. Con el fin de sentirnos mejor con nosotras mismas, tratamos de buscar maneras de ser "mejores" que otras. La mayoría del tiempo estas comparaciones se quedan en nuestra cabeza, pero sistemáticamente nos distancian de otras personas.

¿No deberíamos poder sentirnos confiadas sin que esa confianza sea orgullo? Por supuesto. Hay una diferencia entre orgullo y confianza en sí mismo. El orgullo exige una voz. La confianza en sí mismo es callada, discreta y modesta. El orgullo cree que eres mejor. La confianza en sí mismo cree que eres capaz. El orgullo acapara. La confianza en sí mismo da.

¿Cómo se manifiestan el orgullo o la confianza en sí mismo en mi vida diaria como madre? El orgullo exige que las situaciones se manejen a *mi* manera en mis grupos de madres. La confianza en sí mismo respeta a los líderes y las pautas establecidas para el grupo, y no se ofende con las situaciones difíciles. El orgullo solo ve cómo se lastimó a *mi* hijo en una situación dada. La confianza en sí mismo reconoce que mi hijo pudo haberse equivocado tanto como otro, o pudo haber contribuido de alguna manera en un incidente escolar. El orgullo exige que *yo* sea elogiada por mis esfuerzos como voluntaria o empleada. La confianza ejecuta el trabajo tranquilamente sin esperar una palmada en el hombro.

Ante todo, el orgullo ata con fuerza una cadena alrededor de nuestro corazón, y nos mantiene atadas con enojo, exigencias, y falta de perdón. Nos envenena y nos roba las dichas de la vida. También alimenta nuestro afán de perfección, que en última instancia nos conduce al fracaso.

Entonces, al "quitarnos" el orgullo, ¿qué "ponemos" en su lugar? La respuesta es humildad.

Si eres miembro de la raza humana, tal vez luches con esto. Vivimos en una sociedad de "no hay otro yo que yo". Pero la humildad dice: "otros". Las madres tenemos la tendencia a poner a los otros primero cuando los otros son nuestros hijos, pero no necesariamente lo hacemos tan bien en otras relaciones. Nuestra naturaleza humana quiere hacer lo que el *yo* quiere hacer. "Si yo no lucho por lo mío, la gente me va a pisotear", pensaríamos en secreto.

Aunque la humildad se siente como debilidad, la verdad es que la humildad es una señal de fortaleza. La humildad es poner el yo a un lado. La palabra *humildad* viene del término latino *humilitas*, que significa bajo o postrado. Cuando estamos "postradas", no nos sacudimos fácilmente. Permanecemos firmes en lo que somos, a quien pertenecemos, y en lo que estamos comprometidas a llegar a ser. Una persona postrada no busca reconocimiento porque está en paz con su propio valor a los ojos de Dios.

La humildad también se trata de sumisión. Una persona humilde se somete a la autoridad. *Sumisión* no es una palabra que muchas deseemos abrazar. Sin embargo, antes de arrojar este libro al otro extremo de la habitación, piensa en el concepto de sumisión más allá de lo evidente. Cuando permitimos que Dios dirija nuestra vida, nos sometemos a su liderazgo. Lo hacemos porque confiamos en Él como nuestro Creador y creemos que tiene lo mejor para nosotros en mente. Entre más podemos someternos, más paz vamos a experimentar. Dios nos dice en la Biblia: "No hagan nada por egoísmo o por vanidad; más bien, con humildad consideren a los demás como superiores a ustedes mismos" (Fil. 2:3).

Por lo general, el orgullo y la humildad combaten en nuestro interior. El orgullo cree "yo puedo hacerlo sola", y la humildad dice "no puedo hacer esto sin ti, Dios". Pero ¿qué tiene que ver esto con la infección de la perfección en la maternidad?

Nuestro anhelo de manejar la vida "a la perfección" nos obliga a esforzarnos sin cesar. Tratamos de ser las mejores madres. Tratamos de poner buena cara para que otros crean que estamos mejor de lo que en realidad estamos. Tratamos de convencernos a nosotras mismas de que si tan sólo trabajamos un poco más duro, nos convertiremos en las madres que pensamos que deberíamos ser. En todo ese esfuerzo, en realidad somos hipócritas con otros y aun más con nosotras mismas.

Dios nos ve a través de los ojos de la gracia. Es como si Él dijera: "No sigas esforzándote por sentirte bien con tus logros. Antes bien,

....

vive en mi gracia. Sí, sé una buena madre, incluso excelente. Pero debes saber que te amo tal como eres. La perfección es innecesaria. Ven y encuentra libertad en una relación auténtica conmigo y con los demás".

En el libro de Proverbios leemos: "Con el orgullo viene el oprobio; con la humildad, la sabiduría" (Pr. 11:2). ¡Vaya! La humildad trae sabiduría. ¡Yo sé que necesito más de esto! He aquí otro versículo: "El orgullo solo genera contiendas, pero la sabiduría está con quienes oyen consejos" (Pr. 13:10). La humildad dice: "Todavía tengo mucho qué aprender, entonces con gusto recibiré consejo de otros".

Tu sinceridad será un catalizador que motive la sinceridad en otros.

Quítate hoy la máscara del orgullo. Te harás un gran favor a ti misma y a tu comunidad de madres. Cuando se quita el orgullo, viene la sinceridad. Entonces descubrirás que tu sinceridad será un catalizador que motive la sinceridad en otros y podría incluso cambiar la vida de otras madres.

QUITARSE EL MIEDO Y PONERSE EL VALOR

Mi dedo se movía alrededor del botón del ratón de mi computadora. Nada más un clic y el mundo lo sabría. Un clic, y todo mi mundo resquebrajado se haría público.

Hacía tres días que mi esposo había abandonado nuestro matrimonio. Aunque durante meses había luchado con el desencanto con la vida, nunca pensé que fuera a abandonar todo lo que alguna vez amó.

Con una vida pública tenía dos opciones: ponerme una máscara y fingir que todo estaba bien, o ser franca respecto a mi mundo y mi corazón deshechos. Opté por la franqueza, pero el miedo casi me paraliza cuando me dispuse a abrir mi corazón con una entrada de blog tan sincera.

¿Qué pensaría la gente? ¿Cómo me juzgarían? ¿Qué horribles correos electrónicos y comentarios al blog tendría que soportar?

Soy una autora y conferencista sincera. Mis libros y mis mensajes se estructuran, por lo general, en torno a mis éxitos y mis fracasos. No doy apariencias *falsas*. Si bien estoy acostumbrada a mostrar mis debilidades en público, esta exposición se sentía como una desnudez a otro nivel. Podía percibir el miedo amargo cuando asumí la realidad de mis nuevas circunstancias.

Junté toda la valentía que pude e hice "clic" en el panel de mi blog. Luego subí, me acurruqué en mi cama, y lloré hasta quedarme dormida. El dolor era muy intenso. Mi corazón, en sentido literal, dolía. Podía escuchar los pasos de mi amiga Crystal que hablaba con mis dos adolescentes en la cocina en el primer piso. *Gracias Dios por mis amigas, que me aman y cuidan a mi familia en medio de la gran imperfección de mi vida.*

Dormí una siesta de un par de horas. Cuando me desperté, recordé las palabras que había publicado ante el mundo antes de meterme en mi cama. El miedo volvió a invadir mi mente. ¿Qué pensaría la gente?

Bajé lentamente y de camino me detuve a hablar con mis dos hijos adolescentes, que estaban descorazonados. Habían derramado más lágrimas en los últimos tres días que en todo el resto de sus vidas, pero, en ese momento, parecían enfrentar esta crisis mejor que yo.

Sin pensarlo, me dirigí hacia la computadora, hice clic en el último mensaje y vi docenas de mensajes. Me había preparado para las críticas, pero en lugar de eso vi amor, esperanza y aliento. Palabras de verdad compensaron las mentiras que habían alimentado el temor. Palabras de empatía, gracia y misericordia salieron de la pantalla de la computadora para darme un abrazo cibernético que tanto necesitaba.

Me había preparado para la clase de reacciones que había suscitado el anuncio de la participación de Michelle Duggar, pero nada de eso pasó aquel día, ni en las semanas siguientes. Sí, hubo algunos comentarios negativos, pero lejos de ser lo que había temido.

. . . .

Muchas veces el miedo nos impide ser sinceras con otras mamás. Tememos lo que otras pueden pensar. Tememos parecer débiles o imperfectas. Tememos ser "descubiertas", que otras se den cuenta de que al interior no tenemos todo tan organizado como parece. Tememos el juicio y la crítica de otros. Tememos el rechazo. A decir verdad, gran parte de ese temor es válido. A veces hay juicios y críticas. Aunque la mayoría de las veces no. Mientras tanto, nuestros miedos cobran vida por sí solos y nos alejan de las relaciones sinceras que anhelamos. El miedo nos aísla porque estamos convencidas de que nadie más se ha sentido así *jamás*. Estamos seguras de que somos las *únicas* que enfrentan una crisis.

Alguien describió alguna vez el miedo como una "evidencia falsa con apariencia de verdad". Un proverbio sueco dice: "La preocupación proyecta una gran sombra de algo pequeño". Ambos aforismos son ciertos. Nos convencemos a nosotras mismas de que algo es más grande de lo que es en realidad. Lo volvemos "horrible" en nuestra mente. Sin embargo, con mucha frecuencia aquello que tememos o nos preocupa nunca se hace realidad. Gastamos nuestro tiempo y energía en este ladrón que prolonga la infección de la perfección y que nos mantiene aisladas de los demás.

Así pues, si hemos de "quitarnos" el miedo, ¿con qué lo reemplazamos? Tenemos que "ponernos" valor. Eleanor Roosevelt dijo: "Ganas valor, fuerza y confianza por cada experiencia en la que te detienes realmente a mirar el miedo a la cara… a hacer aquello de lo cual te crees incapaz". ¡Hacer aquello que te parece imposible es valor! Valor no es ausencia de miedo. Antes bien, es la determinación de que algo es más importante que el miedo.

Las mujeres valientes también tienen miedo; es solo que no permiten que el miedo las detenga. Si esperamos que el miedo se vaya para que el valor ocupe su lugar, eso nunca va a suceder. Antes bien, el valor aparece en la escena mientras el miedo sigue muy presente.

En la Biblia, Dios dice: "¡Sé fuerte y valiente! ¡No tengas miedo

………

ni te desanimes! Porque el Señor tu Dios te acompañará dondequiera que vayas" (Jos. 1:9). Nuestro valor se origina en nuestro conocimiento de que no estamos solas. Dios está con nosotras. Él es nuestra fortaleza. Él nos ayudará a despojarnos del miedo y a vestirnos de valor. Entonces, ¿con quién debemos ser sinceras? Primero, con nosotras mismas. Si en nuestro interior esperamos perfección, estaremos constantemente insatisfechas, desilusionadas, y desanimadas. Necesitamos el valor para decirnos la verdad: que la perfección es imposible. Debemos ser tolerantes con nosotras mismas, vernos con los ojos de la gracia, amarnos a nosotras mismas con todo y nuestras imperfecciones.

La mejor forma de hacer esto es vernos a nosotras mismas a través de los ojos de Dios. Él nos ama, con todo y nuestras faltas. Él nos ve a través de ojos de gracia. Entre más entendamos su amor incondicional por nosotras, más podemos aprender a amarnos y a amar a los demás sin condiciones. Debemos dejar que Dios defina lo que somos. Si lo hacemos, podemos descansar en nuestra imperfección, conscientes de que su amor no se basa en nuestro comportamiento. Este es uno de los mejores antídotos que podemos usar en la batalla contra la perniciosa infección de la perfección.

Cuando somos sinceras con nosotras mismas, nos resulta más fácil ser sinceras con los demás. Si nuestro verdadero valor se basa en lo que Dios ve en nosotras, nos resultará más fácil ser sinceras con los demás, porque lo que otros piensen de nosotras o su reacción ya no determina lo que somos. La sinceridad engendra sinceridad. Tu sinceridad alentará la sinceridad en otros. Al reconocer tus necesidades creas una zona de seguridad para que tus amigas hagan lo mismo.

Mi decisión de ser sincera acerca de mi crisis matrimonial fue difícil. Aun así, al quitarme el temor y ponerme el valor, Dios abrió sus compuertas. Empezaron a llegar cantidades de correos electrónicos y mensajes de Facebook de mujeres que también afrontaban dificultades matrimoniales. ¡Yo no esperaba eso! Dios permitía que mi sufrimiento ayudara a otras personas que también sufrían. Yo no tenía necesariamente respuestas para ellas. Pero tenía empatía y compasión. Cuando se sufre, una de las cosas más importantes que debes hacer es acudir a otros que entienden cómo es tu vida. Descubrí que mi sinceridad abrió el camino para que otras fueran sinceras también. Todas nos quitamos las máscaras y fuimos francas. Sin ínfulas de perfección, solo vida real que a veces es dura. Ahora mi esposo ha regresado a casa, y Dios hace su mejor obra de extraer lo bueno de algo que el enemigo quiso usar para nuestro mal. Estoy muy agradecida.

La infección de la perfección gana terreno cuando el temor prevalece. Pierde su control sobre nosotros cuando el valor gana. Quítate hoy el miedo y revístete de valor. Esto te ayudará a permanecer firme en lo que eres y te mantendrá menos dependiente de otros.

QUITARSE LA INSEGURIDAD Y PONERSE LA CONFIANZA

—Temo que le haré daño —dijo Tonya cuando la enfermera puso su bebé recién nacido en sus brazos.

—No te preocupes, Tonya —respondió la enfermera—. Tú eres todo lo que tu hijo necesita.

Algunas llegamos a ser madres sintiéndonos confiadas en nuestras capacidades. Fuimos niñeras durante los años de secundaria. Algunas tuvimos hermanos pequeños a quienes ayudamos a cuidar. Otras simplemente ayudan a otros por naturaleza y viven la maternidad sin problemas.

Sin embargo, muchas madres luchan con el sentimiento de incompetencia para realizar su labor. Dudamos de nuestras capacidades. Ponemos en duda si realmente contamos con lo necesario para criar a un hijo. Nos cuesta recuperarnos de nuestros errores. Nos culpamos cuando perdemos la paciencia.

....

La inseguridad viene cuando las voces dentro de nuestra cabeza nos dicen que no es suficiente con lo que somos. *No soy lo suficientemente paciente para ser una buena madre. No tengo suficiente experiencia para ser presidenta de la asociación de padres de la escuela. No tengo suficiente educación para ser una buena madre que educa a sus hijos en casa. No tengo valentía suficiente para renunciar a mi trabajo y buscar otro. No soy buena para tener amistades. No soy tan lista para aprender a trabajar en la computadora.*

Nos resulta más fácil creer el "no puedo" que el "sí puedo".

Las voces negativas que se repiten en nuestra cabeza nos obligan a sentirnos "menos que" otros. No solo eso, sino que nos paralizan e impiden vivir al máximo nuestra capacidad. Nos resulta más fácil creer el "no puedo" que el "sí puedo".

Cuando batallamos con la infección de la perfección, la inseguridad nos paraliza de muchas maneras. Si quiero vencer el desorden en mi casa, pero quiero perfección (por ejemplo, si quiero que mi casa se vea como en una revista), es muy probable que ni siquiera empiece a organizar porque muy dentro de mí sé que no puedo hacerlo perfecto. El perfeccionismo es el mejor amigo de la postergación. Me fascina como lo expresa Marla Cilley, conocida en la Internet como la "FlyLady". Ella dice: "Un trabajo promedio hecho hoy vale más que el trabajo perfecto que *no* se hará mañana". ¡Eso es muy cierto!

La inseguridad es también pariente del temor. Cuando necesitamos lanzarnos a algo con valentía, la inseguridad nos detiene con sus "¿Y si...?". *¿Y si digo algo equivocado? ¿Y si digo que puedo hacerlo y resulta después que en realidad no puedo? ¿Y si la decepciono? ¿Y si...?* A veces podemos seguir preguntándonos "¿Y si...?" hasta terminar encogidas en posición fetal.

Si la inseguridad nos mantiene presas de la duda, la confianza es la clave para liberarnos de las cadenas de inseguridad que nos atan.

....

La inseguridad dice "no puedo". La confianza dice "puedo porque Dios me mostrará cómo".

La confianza verdadera es en realidad "la confianza de Dios". No es tanto creer en nosotras mismas como creer en lo que Dios puede hacer por medio de nosotras. Es cambiar el mensaje dentro de nuestras cabezas; quitar el "no puedo" por "¡Dios puede!". La Biblia lo confirma en Jeremías 17:7: "Bendito el hombre que confía en el Señor, y pone su confianza en Él".

La confianza reconoce un designio divino. Tú y yo somos creadas para tener vida en una relación con el Dios que nos creó. Su gracia cubre nuestras imperfecciones. Cuando aprendemos a vernos a través de los ojos de Dios, podemos abrazar nuestras imperfecciones y descansar en su amor y su gracia.

La confianza también se nutre cuando nos gozamos en la persona que somos por voluntad de Dios en lugar de lamentarnos por lo que no somos. La inseguridad nos fuerza a mirar siempre a otras mujeres y a anhelar lo que ellas son: más creativas, más delgadas, más inteligentes, más pacientes, mejores cocineras. La lista sigue. Sin embargo, la confianza crece cuando aceptamos gustosas nuestras fortalezas y debilidades. Las consideramos una huella de lo que estamos llamadas a ser. Encontramos contentamiento en ser lo que somos, no en lo que no somos.

¿Cómo funciona esto en términos prácticos? Digamos que estás haciendo una pequeña búsqueda en la Internet y terminas en Pinterest. Si usas Pinterest solo para sacar ideas y mantenerlas organizadas para encontrarlas fácilmente, puede ser una página útil. No obstante, muchas de nosotras pasamos de la recopilación de ideas a jugar el detestable juego de la comparación. Vemos tantas ideas maravillosas y cómo hacen las cosas otras mujeres y empezamos a pensar: *Soy una madre pésima porque la comida que le preparo a mis hijos no se ve como en la foto. O: Soy un fracaso porque mi casa no está organizada como debería.* La inseguridad dice: *No doy la talla. No soy tan buena*

....

madre como ella. La confianza dice: *Me alegro por estas damas que comparten sus ideas. Me alegra que no todas estemos hechas del mismo molde. Esas son ideas grandiosas, pero muchas de ellas no son para mí. Yo no soy tan hábil o artista, pero me siento contenta con lo que soy.* Si quieres librarte de la infección de la perfección, empieza a moverte de la inseguridad a la confianza. Deja de mirarte a ti misma y mira a Dios. Él te capacitará con todo lo que necesitas para las relaciones y responsabilidades que se te han asignado. La inseguridad es vivir esclavo de alguien que no somos. ¡La confianza es la libertad en lo que somos!

QUITARSE EL JUICIO Y PONERSE LA GRACIA

Emily estacionó su auto en el parqueadero del parque del vecindario. Tan pronto estacionó, sus hijas salieron del auto a toda prisa y se dirigieron a sus juegos favoritos del parque infantil. Emily las siguió de cerca. Le encantaba llevar a sus niñas al parque.

Mientras Emily y las niñas reían y jugaban, Emily observó a un par de niños en el parque que no estaban acompañados por sus padres. Entonces la vio: una madre sentada en su auto. De inmediato fue evidente que estos niños que jugaban solos pertenecían a esta mamá "irresponsable". *¿Acaso no puedes salir del auto?* —pensó Emily—. *¿Será demasiado pedir que juegues con tus hijos?*

Aunque la mayoría de nosotras dudaría en aceptarlo, todas hemos tenido esa clase de pensamientos con respecto a otras madres. Tal vez alguien conocido o una completa extraña que cruzamos en el parque, en una tienda, o en el estacionamiento de la escuela. Nuestra actitud crítica nos asalta aun sin darnos cuenta.

Veamos lo que pasa seis meses después. Ahora Emily está embarazada con su tercer hijo, y este es un embarazo difícil. Las náuseas están fuera de control y a duras penas logra funcionar. Una tarde sus hijas le rogaron que las llevara a jugar al parque. Al principio, Emily desatendió sus ruegos, pero al final accedió a llevarlas. "Niñas, voy a llevarlas al parque, pero mamá no puede jugar hoy con ustedes. Es solo que me siento muy enferma".

De camino al parque, las náuseas se agravaron. Antes de estacionar encontró un espacio cerca de los juegos infantiles, perfecto para supervisar a sus niñas desde ahí. Mientras estaba sentada en el auto, deseando no vomitar, otro pensamiento la puso aún más enferma. *Oh, no. Ahora yo soy "esa mamá", la que no puede salir del auto para salir a jugar con sus hijos. Si llega otra madre al estacionamiento va a pensar lo peor de mí, ¡así como yo pensé lo peor de aquella madre hace muchos meses!*

Lo que Emily experimentó se llama convicción. Dios usó su situación para traer convicción de haber juzgado a aquella madre meses atrás. La convicción es algo bueno porque nos hace responsables de nuestros actos y nos motiva a cambiar. Emily se percató del juicio injusto que había lanzado contra aquella madre, y ahora era consciente, más que nunca, de los peligros de juzgar.

Estoy orgullosa de Emily. Estoy orgullosa de la manera como ella examinó su corazón y recibió la suave coerción de Dios. Estoy orgullosa de ella por haber tenido el valor de contar su historia a su madre, quien también me la contó a mí. Sin embargo, no creo que Emily sea la única que tenga la tendencia de juzgar. Si somos francas, creo que la mayoría de nosotras reconocerá que con mucha más frecuencia nos vemos unas a otras con ojos de crítica en lugar de gracia.

Emily pudo haber sentido compasión de aquella madre la primera vez que se estacionó en el parque. Pudo haber pensado: *Me pregunto por qué no juega con sus hijos. Tal vez está de luto por la pérdida de un padre o de un hijo. Tal vez su matrimonio es un desastre y no logra recobrarse. Quizá está enferma, sufre de algo terrible como el cáncer u otra enfermedad debilitante. Tal vez simplemente se siente muy mal en su embarazo.*

Para ser totalmente sincera, admito que probablemente yo hubiera hecho exactamente lo mismo que Emily la primera vez.

Eso me parte el corazón, pero es verdad. ¡No quiero ser así! ¿Por qué tenemos la tendencia a pensar lo peor de otras madres? ¿Qué nos impide darnos las unas a las otras el beneficio de la duda? ¿Por qué nos lanzamos a juzgar en lugar de extender gracia? Aquí es donde la infección de la perfección se ha vuelto una epidemia. Ya no solo nos contagia de orgullo, temor e inseguridad. Ahora imponemos nuestras expectativas "perfectas" a otros: a nuestros hijos, a nuestro cónyuge, a nuestros amigos, e incluso a los extraños. Esta es la enfermedad que inició "la guerra de las mamás". Esta guerra enfrenta a las madres amas de casa contra las madres trabajadoras. Juzgar ha levantado muros entre nosotras, y es hora de derribarlos.

Juzgar es horrible. Exige. Critica. Divide. Destruye. Nos hace ciegas a nuestras propias faltas. Juzgar impone nuestras opiniones sobre otras personas. No admite que otros sean diferentes de nosotros porque considera esas diferencias como un error.

Si quitas las capas del juicio, encontrarás en su centro el orgullo. El orgullo dice "yo sé hacerlo mejor" o "mi manera de hacer las cosas es la mejor", o "tú no sabes cómo hacer esto tan bien como yo". Para muchas de nosotras, un espíritu crítico que juzga está muy presente en nuestros matrimonios. El hombre que no hacía nada mal antes de tener hijos es incapaz de hacer algo bien ahora que tiene hijos. No puede poner bien un pañal, no puede bañar bien a los niños, no puede vestirlos bien, y ciertamente no puede cuidarlos bien cuando la madre está ausente.

A veces el juicio se filtra en nuestra labor de padres. A medida que los niños crecen, tienen sus propias opiniones. Empiezan a tomar sus propias decisiones. Sus personalidades surgen, y si son muy diferentes de nosotras (o peor aún, tan difíciles como nosotras), podemos volvernos críticas sin pensar mucho en el daño que causamos.

Cuando pasamos tiempo con una amiga y el mal comportamiento de sus hijos empieza a exasperarnos, puede aparecer el juicio. Se nos ocurren pensamientos como: *¡Si tan solo ella le contestara la primera vez, él no tendría que decir "mami" veinte veces!* o *ella no es coherente en su disciplina. Si lo fuera, tendría hijos que se portan mejor.* Sin darnos cuenta, hemos empezado a levantar un muro. El juicio es el ladrillo, y el orgullo el cemento que mantiene en su lugar esa actitud crítica.

Gracia es cuando merecemos castigo y en lugar de eso recibimos misericordia.

Esta infección de la perfección es tan peligrosa que precisa un antídoto fuerte. Necesitamos la fortaleza y la sabiduría de Dios y, más que nada, su ejemplo que nos ayuda a sanar esta enfermedad que busca controlar.

La cura para el juicio es la gracia. ¿Y qué es gracia? Gracia es cuando merecemos castigo y en lugar de eso recibimos misericordia. La gracia está en el centro de nuestra relación con Dios. La gracia de Dios no tiene que ganarse. En lugar de eso, se entrega libremente. Solo tenemos que aceptarla. ¡Qué hermoso regalo!

En las relaciones humanas, la gracia es permitir a los demás ser humanos, cometer errores y no ser criticados por cada cosa que hacen mal o diferente a nosotros. A veces desperdiciamos demasiado tiempo y energía siendo quisquillosas con nuestros cónyuges, hijos, amigos o vecinos. Sacamos conclusiones acerca de personas que ni siquiera conocemos. ¿Cómo se vería nuestra vida si cambiáramos el juicio por la gracia? ¿Qué libertad experimentaríamos si nos volviéramos dadoras de gracia en lugar de jueces?

Empecemos por nosotras mismas. A veces somos duras con los demás porque somos duras con nosotras mismas. Puesto que nuestras expectativas son inalcanzables, estamos constantemente decepcionadas con nosotras mismas y con los demás. Mira qué pasa si la próxima vez que cometes un error te dices a ti misma: "No soy perfecta y eso fue una 'metida de pata'. Todos cometemos errores, así que voy a concederme a mí misma gracia, aprender de mi error, excusarme como es debido, y seguir adelante". Eso es todo. Sin castigarte, sin rememorar el incidente una y otra vez en tu mente, sin voces en tu cabeza profiriendo insultos contra ti. ¿Puedes imaginar la libertad que podríamos experimentar si abandonáramos nuestras expectativas acerca de no cometer errores?

Pensemos cómo el hecho de ser una mujer llena de gracia podría afectar el matrimonio. Mi amiga Carolyn dejó entrar la gracia a su matrimonio. Un día, después de "corregir" por enésima vez la forma como su esposo John llenaba la máquina de lavar platos, él sacudió sus manos y dijo: "¡No puedo hacer nada que te parezca bien!". Al principio, Carolyn se retractó e intentó explicar por qué su manera de hacerlo era mejor. Pero luego se detuvo y se dio cuenta de que John tenía razón. Ella criticaba cada minucia porque, a decir verdad, ella pensaba que lo hacía todo mejor. ¡Cuánto daño hacemos con un espíritu crítico! A raíz de esa conversación, Carolyn se comprometió a cambiar su criticismo con gracia. Comprendió que esto significaba que debía mantener su boca cerrada con más frecuencia de lo acostumbrado. Pero con el tiempo, su matrimonio empezó a experimentar una sanidad de una enfermedad de la que ella ni siquiera se había percatado.

¿Qué pasaría si mostraras más gracia a tus hijos? ¿Se volvería nuestra crianza "demasiado suave"? ¿Rebajaríamos nuestras expectativas y disminuiría su sentido de responsabilidad? En realidad, la gracia haría lo contrario. Primero, diríamos más cumplidos que críticas. Esto no los volvería presumidos, pero sí les daría un gran corazón. Un niño que crece en un ambiente de crítica se convierte fácilmente en una persona criticona. Si un niño se siente apoyado, amado y valorado, puede convertirse en un adulto amable, sensible y amoroso. En segundo lugar, los niños que viven en una familia llena de gracia comprenden que es normal equivocarse. De hecho, aprenden que cometer errores es parte de la vida. Todos aprendemos de nuestros errores. Nos fortalecemos. Nos movemos mejor por la

....

vida. Nos damos cuenta de que fallar es parte natural de la experiencia humana. Padres llenos de gracia establecen la pauta en este ambiente hogareño que produce vida.

Además de afectar las relaciones familiares, cambiar el juicio por gracia puede convertir el mundo en un lugar más amable y favorable. Convertirá las iglesias en lugares seguros donde las relaciones se nutren. Hará de los grupos de madres lugares placenteros donde se forman amistades. Hará que cuando llevamos a nuestros hijos al parque y estamos enfermas y preferimos quedarnos en el auto, esté bien de vez en cuando porque los demás nos verían con ojos compasivos. ¡Vaya! ¿Te imaginas la libertad que traería la gracia a nuestras vidas y la sanidad que traería a nuestras relaciones?

Nuestro mundo necesita más compasión, más misericordia y, definitivamente, más gracia. Comprometámonos a ese cambio hoy. Tú y yo podemos cambiar este mundo con cada gesto lleno de gracia, uno a la vez.

CUIDADO CON ESAS EXPECTATIVAS

Jamie asistió a la conferencia de *Hearts at Home* por primera vez y escribió una entrada en su blog después de meditar en el tiempo que pasó con otras mamás. Se dio cuenta de que necesitaba desesperadamente "controlar su locura". Se dio cuenta de que debía hacer algo con respecto a sus expectativas sesgadas.

Definitivamente soy una madre que se siente loca a diario. Loca por programar fotografías con un conejo para la pascua. Loca porque siento que *debería* servir una cena saludable, caliente y nutritiva, y mis hijos en cambio comen otra vez emparedados de mantequilla de maní con mermelada. Y aunque no me quita la locura, sin duda me ayuda a controlarla el hecho de comprender que casi todas las madres a las que conozco se sienten igual.

. . . .

La opinión general a la que llegué con mis amigas cuando hablamos es que nuestra locura en realidad se reduce a expectativas equivocadas. En nuestra mente hemos creado ciertos ideales, aquellos "imperativos" de la vida, por decirlo así, y cuando esas expectativas no se cumplen, la locura se dispara. Cuando pongo un emparedado de mantequilla de maní sobre la mesa, una pequeña parte de mi ser se siente un fracaso por no estar a la altura de las (elevadísimas) expectativas que tengo de mí como madre. Me siento culpable. Me siento como una mala madre. Y ese es un pequeñísimo ejemplo nada más. Cuando se trata de ideales muy elevados que me he propuesto, mis sentimientos negativos y mi conversación son mucho peores.[1]

Jamie ha dado en el clavo cuando se refiere a las expectativas equivocadas. Con frecuencia, nuestras expectativas son lo que nos impide disfrutar nuestra vida real, nuestra familia real, nuestro cuerpo real y nuestra casa real. Gran parte del tiempo nuestras expectativas son poco realistas e incompatibles con la realidad de la vida. Sin embargo, no pienses que debes *rebajar* tus expectativas. Creo que necesitamos cambiarlas. *Rebajar las expectativas* parece indicar que nos "conformamos" con algo inferior. *Cambiar las expectativas* señala una necesidad de transformar o modificar nuestro pensamiento. Muchas veces tenemos que cambiar nuestra perspectiva para enfrentar mejor la vida real. Debemos cambiar las falsas expectativas por expectativas realistas.

Cuando movemos nuestras esperanzas y deseos al ámbito de la realidad, nos sentiremos menos desilusionadas con nosotras mismas y con los demás. Abrazaremos la imperfección y la libertad de ser

---

1. Jamie Weitl. "Control Your Crazy", Liberating Working Moms (blog), 30 de marzo de 2012, http://liberatingworkingmoms.com.

auténticas. En las páginas siguientes oirás el llamado a cambiar las expectativas, además del uso de los antídotos contra la infección de la perfección. A medida que nos trasladamos del idealismo al realismo experimentaremos realmente el contentamiento, la sinceridad y la paz que todas anhelamos.

Hemos explorado cómo nos comparamos tan injustamente con otras mujeres, hemos determinado que todas tenemos en una u otra medida las mismas luchas en la vida, y hemos señalado cómo nuestra cultura está invadida por la infección de la perfección a través de los medios de comunicación y la tecnología.

Asimismo, hemos identificado lo que hace que la infección de la perfección siga causando estragos en nuestra vida y los antídotos que pueden empezar a erradicar esta horrible enfermedad que afecta la manera como nos vemos a nosotras mismas y a los demás. También hemos señalado que las falsas expectativas nos hacen sentir constantemente frustradas e insatisfechas. Ha llegado el momento de aplicar este nuevo conocimiento a áreas específicas de nuestra vida. Cuerpos perfectos, matrimonios perfectos, hijos perfectos, y casas perfectas sencillamente no existen. ¿Cómo cambiamos entonces nuestras expectativas y hacemos la paz con las partes imperfectas de la vida para encontrar la autenticidad que realmente anhelamos?

Pasa la página para descubrir cómo funciona "la vida real" cuando las madres se quitan sus máscaras, son sinceras, y revelan sus imperfecciones. Descubrirás que tu vida "imperfecta" no difiere mucho de las vidas imperfectas de otras madres. No estás tan sola como a veces piensas. Y lo más importante, hay una libertad increíble que se descubre cuando podemos realmente abrazar esa realidad.

NO EXISTEN HIJOS
perfectos

Uno de mis hijos adolescentes invitó a un amigo a pasar la noche en casa, y los dos chicos preguntaron si podían dormir en el salón de recreo del sótano. Puesto que habían dormido allí muchas veces antes, les permití ver una película hasta tarde y dormir abajo.

A las tres de la mañana, estos dos adolescentes entraron en mi habitación y me despertaron de un profundo sueño.

—Mamá —dijo mi hijo—. Eh... mamá... hicimos una especie de escapada.

—¿Qué? —murmuré, apenas despierta.

—Mamá... eh... algo así como que decidimos salir de la casa y comernos una hamburguesa y... eh... bueno... tuvimos una clase de encuentro con un oficial de policía que nos detuvo porque una luz trasera del auto no funcionaba... y... eh... tuvimos una especie de arresto... y bueno... el oficial parece que está abajo en la cocina y al parecer quiere hablar contigo.

—¿De qué hablas? —respondí, incorporándome para despertarme—. Esta broma no es graciosa, chicos.

Oí la risa nerviosa de ambos.

—Desearíamos que fuera una broma, pero no lo es. ¿Puedes bajar a hablar con el policía?

Salí a tumbos de la cama, me puse una bata y logré bajar las escaleras hasta la cocina. En efecto, *había* un oficial de policía en mi casa a las tres de la madrugada.

Los hijos cometen errores.

Qué bello recordatorio: no existen hijos perfectos.

Ahora, si eres una mamá de un pequeño de dos años, esta historia podría asustarte un poco. No lo permitas. Antes bien, te pone los pies sobre la tierra. Los hijos cometen errores. A veces toman pésimas decisiones, ya sea que tengan dos años y decidan hacer un berrinche en la tienda, o que tengan diecisiete años y decidan escaparse de la casa. Esa es la vida real. Bienvenida a la maternidad.

Con cinco hijos, mi esposo y yo hemos tenido nuestra dosis de desafíos con "hijos reales": mal comportamiento en público, mentira, engaño, robo, faltar a la escuela. Hemos tenido que manejar el déficit de atención e hiperactividad, y las dificultades de aprendizaje de un hijo adoptado de otro país que no hablaba inglés a la edad de nueve años. También hemos enfrentado dificultades serias, como experimentos con alcohol y cigarrillos, malas amistades, y rebeldía contra la iglesia y la fe.

Si eres madre de niños pequeños, nada más leer esto puede crear angustia por el futuro. Si eres madre de adolescentes, es probable que lances un suspiro de alivio al saber que no estás sola. Sin importar en qué etapa de la maternidad te encuentres, bajemos juntas de la nube: *tus hijos no son perfectos.* Sus imperfecciones no son un reflejo de ti. Tú no puedes "controlarlos" para alcanzar la perfección. Permitir a tus hijos fallar sin recibir como consecuencia tu enojo es un regalo para ellos. Lo más hermoso que puedes ofrecerles es tu propia imper-

....

fección como ser humano que hace su mejor esfuerzo por manejar las imperfecciones de ellos con amor y con gracia.

CUIDADO CON ESAS EXPECTATIVAS

Los padres necesitan tener visión para sus hijos. Necesitamos establecer normas de logros y de comportamiento al igual que límites para ayudar a cada hijo a aspirar a dichas normas y metas. Ya sea enseñar a un pequeño a usar el baño o fijar los límites para un adolescente, definir expectativas es una parte esencial de la labor de padres.

Sin embargo, las expectativas están fuera de lugar cuando, como padres, esperamos ser perfectos y esperamos de nuestros hijos perfección. Con estas expectativas siempre terminaremos decepcionados o desilusionados. Tenemos que ajustar nuestras expectativas para adelantarnos a los errores e incluso prever una mala conducta. Suena un poco pesimista, ¿no es así? ¿O es sencillamente realista?

Las falsas expectativas nos mantienen constantemente desilusionadas de nosotras mismas y de nuestros hijos. Esa no es una forma saludable de vivir. No es saludable para nosotras y no contribuye a un ambiente familiar saludable para ningún hijo.

Muchas veces ni siquiera nos damos cuenta de que esperamos que nuestros hijos sean perfectos. Si alguien nos pregunta si esperamos perfección, responderíamos en actitud defensiva: "¡Por supuesto que no!". Sin embargo, a veces nuestras expectativas son inconscientes. Sabemos de manera racional que nadie es perfecto, así que argüimos que no tenemos expectativas de perfección. Sin embargo, en la realidad nos sentimos frustradas cada vez que tenemos que lidiar con problemas de conducta. Si en realidad somos sinceras con nosotras mismas, tendríamos que admitir que realmente sí esperamos perfección o al menos algo parecido.

Mira si este pequeño cuestionario te puede ayudar a volverte sincera contigo misma.

....

¿Cierto o falso?

❧ Me siento muy complacida con mi hijo y no cambiaría nada de su personalidad o de sus dones.

❧ Cuando cometo un error, me perdono a mí misma y sigo adelante. Rara vez pienso en eso otra vez.

❧ No me preocupa en el presente ni en el futuro que mi hijo no obtenga las mejores calificaciones en la escuela.

❧ No me avergüenza que mi hijo falle. Ayudo, si puedo, y sigo adelante. Tratamos de no mencionar los errores del pasado.

❧ Quiero ayudar a mi hijo a triunfar en las metas de su vida y en sus relaciones, pero no hago demasiados planes, puesto que mi hijo tomará sus propias decisiones.

❧ Con franqueza evalúo las habilidades que Dios ha dado a mi hijo, en lugar de obligarlo a participar en actividades que a mí me gustan (o me gustaban cuando era niña).

❧ Aprecio aquello en lo que mi hijo se diferencia de mí.

❧ Cuando digo algo tonto, soy capaz de reírme de mí misma.

❧ Cuando mi hijo dice algo tonto, podemos reírnos de ello juntos.

❧ Rara vez reacciono con enojo cuando mi hijo hace algo desastroso.

Si has respondido negativamente a cinco o más preguntas anteriores, tal vez tengas expectativas demasiado elevadas de ti misma y de tu hijo. El primer paso para definir expectativas realistas es reconocer las falsas expectativas que tienes en este momento. Las falsas expectativas desaniman. Las expectativas realistas inspiran. Sé más tolerante contigo misma, bríndale a tu hijo algo de gracia, ¡y mira cómo cambian las dinámicas de tu familia ante tus propios ojos!

¿Aparece de cuando en vez la mamá monstruo en tu casa? Cuando la mamá monstruo grita, su enojo afecta a toda la familia. Hace varios años empecé a darme cuenta de que ella aparecía en mi casa con mayor frecuencia de la que podía tolerar. Cuando examiné las causas que desencadenaban la aparición de la mamá monstruo, me di cuenta de que mis falsas expectativas contribuían a mi locura. Mi estimación de las habilidades reales de mis hijos era imprecisa. Conclusión: esperaba demasiado y demasiado pronto.

Hace poco observé a una joven madre que luchaba con el mismo problema de esperar demasiado y demasiado pronto. Se sentía frustrada con su hija de dos años que desafiaba constantemente los límites. Al mismo tiempo, intentaba enseñarle a ir al baño. Ella quería poner fin a esa lucha contra los límites, y quería que su hija dejara de usar pañales. El problema es que para la niña de dos años ninguna de esas metas era posible de alcanzar, especialmente si se procuraban al mismo tiempo. Esta mamá bienintencionada no estimaba correctamente las habilidades reales de su hija. Esperaba demasiado y lo esperaba demasiado pronto, lo cual resultaba en estrés adicional para ella y para su hija.

Muchas sobrestimamos la capacidad de nuestros hijos de ejercer autocontrol, de permanecer atentos en una tarea, y de manejar situaciones sociales. Es normal que un niño de dos años se enoje si no obtiene lo que desea. Es normal que un niño de tres años pierda los estribos si hay un cambio en su rutina de dormir. Es normal que un niño de cinco años fantasee en medio de un juego de pelota. Es normal que un niño de doce años sea temperamental. Es normal que un adolescente sea irresponsable de cuando en vez.

Con demasiada frecuencia dejamos que nuestra impaciencia prevalezca y reprendemos con voz de enojo porque muy dentro de nosotras esperamos que ellos se comporten mejor. Perdemos la perspectiva de lo que es un comportamiento normal para su edad y etapa de desarrollo. Nos enojamos porque no viven a la altura de nuestras expectativas utópicas, y entonces la mamá monstruo sale con toda su fuerza. Esto ocurre desde los años de infancia temprana hasta los años de adolescencia e incluso la vida adulta.

En mi libro *Got Teens?* [¿Tienes adolescentes?], que escribí con

....

53

Pam Farrel, hablamos precisamente acerca de este tema con los adolescentes:

> Dr. Jay Giedd, del Instituto Nacional de Salud, ha diri-
> gido un estudio acerca de la mente de los adolescentes a
> lo largo de trece años. Él y sus colegas en las universidades
> UCLA, Harvard, y el Instituto Neurológico de Montreal
> han descubierto algunos datos interesantes. Se creía que el
> cerebro de un niño estaba casi completo alrededor de los
> doce años, pero el Dr. Giedd ha descubierto lo que todas
> las madres de adolescentes hemos sabido desde siempre:
> ¡que aún no se ha desarrollado por completo! (Tal vez él
> lo descubrió por sí mismo en casa; ¡también tiene cuatro
> adolescentes!). El buen médico descubrió que el cerebro
> experimenta cambios extremos aún mucho después de la
> pubertad. La comunidad médica está atenta a la manera
> como el desarrollo del cerebro podría explicar aquellos
> fenómenos que como madres conocemos bien: estallidos
> emocionales, ser temerarios, romper normas, jugar con
> cosas como el sexo, las drogas y el rock and roll...
>   Parece que el cerebro se desarrolla desde la parte pos-
> terior hacia la frontal. Las funciones que maduran más
> pronto están en la parte posterior del cerebro, como aque-
> llas que controlan la interacción con el ambiente: la visión,
> el oído, el tacto, el procesamiento espacial, etc. Lo que
> sigue en desarrollo son las áreas que ayudan a coordinar
> esas interacciones, como por ejemplo la parte del cerebro
> que nos ayuda a encontrar el interruptor de la luz del baño
> cuando está oscuro porque sabemos que está allí aunque
> no lo veamos. La última parte del cerebro que se poda
> y moldea hasta alcanzar sus proporciones adultas es la
> corteza prefrontal, que es la base de las llamadas funcio-

nes ejecutivas: planear, establecer prioridades, organizar pensamientos, suprimir impulsos, sopesar las consecuencias de las acciones. En otras palabras, la última parte del cerebro que logra desarrollarse es aquella capaz de decidir asuntos como *terminaré mi tarea y sacaré la basura, y* luego *enviaré un texto a mis amigos para ver una película.*
Entonces, ¿cuándo madura un adolescente? Pueden votar y servir en el ejército a los dieciocho, se les permite beber y apostar a los veintiuno, pero no pueden rentar un auto hasta la edad de veinticinco. Quizá las compañías de autos hacen la mejor estimación. El Dr. Giedd establece que el cerebro alcanza su madurez alrededor de los veinticinco años. Giedd dice: "Hay un debate acerca de qué tanto control consciente poseen los adolescentes. Podemos decirles que se porten bien o se vayan, pero cometer errores es parte del proceso de crecer de manera óptima".[1]

Permíteme darte un poco de perspectiva. Esperamos madurez de nuestros hijos antes de que su desarrollo cerebral alcance la madurez. Tenemos que cerciorarnos de que nuestras expectativas son realistas conforme a sus etapas de desarrollo en la vida.

Aquí tenemos una línea delgada. Sí debemos esperar responsabilidad. Sí debemos esperar obediencia. Sí necesitamos esperar habilidades sociales cuando les hemos enseñado y los hemos entrenado en dichas normas. Sin embargo, también debemos esperar que fallen. Sí, tal como lo lees. Tenemos que esperar que fallen; la perfección no existe. No solo eso, sino que debemos recordar que cometer errores es en realidad parte del proceso de crecimiento cerebral. Los errores sientan la base para un mayor aprendizaje. Así que manejar sus errores, su mal comportamiento, y sus malas

---

1. Jill Savage y Pam Farrel, *Got Teens?* (Eugene, OR: Harvest House, 2005), p. 15.

decisiones es parte de nuestro trabajo como padres. Si esperamos perfección, estamos estorbando el proceso natural de maduración, que es, para empezar, justo lo que deseamos.

¿Por qué nos resulta tan difícil dejar a nuestros hijos cometer errores? Creo que hay varias razones:

1) *Queremos control.* Es difícil dejar que nuestros hijos asuman responsabilidad, cometan errores, y tengan el control sobre algunos aspectos de su vida.

2) *Queremos que nos necesiten.* Queremos ser partícipes de la vida de nuestros hijos. Ayudarlos a triunfar nos hace sentir bien. Si somos francas, es difícil quedarnos sentadas y ser nada más espectadoras de sus luchas. Queremos intervenir y ayudar.

3) *Queremos la aprobación de otros.* Nos guste o no, la mayoría de nosotras jugamos el juego de la comparación con nuestros hijos. Si el desempeño de mi hijo no está a la altura del recital de piano, ¿qué van a pensar de mí como madre los demás padres?

4) *Tenemos miedo.* Tememos que sean heridos emocionalmente. Tememos que nos guarden rencor por no ayudarlos o por dejarlos fallar.

5) *Somos impacientes.* Enfrentémoslo: permitir que los hijos descubran las cosas por sí mismos es un proceso lento. Todas nos vemos tentadas a hacer las cosas por ellos porque eso hace la vida más fácil. Permitir que un niño intente, falle, vuelva a intentarlo, vuelva a fallar y de nuevo trate de intentarlo es aburrido. No hay atajos para el aprendizaje: tienen que aprender por sí mismos.

Para algunas madres, la dificultad más grande que nos impide dejar a nuestros hijos cometer errores es que no soportamos la idea de que no sean perfectos. Saltamos a la escena para pulirlos porque tememos que si algo no es perfecto nos hace quedar mal.

¿Cómo resistimos pues el impulso de salir al rescate de nuestros hijos? ¿Cómo evitamos interferir con el crecimiento que sucede a partir del ensayo y error, de intentar, fallar y volver a intentar? Empieza por colaborar con el proceso natural de maduración.

Proyecta tu visión, fija metas, brinda grandes dosis de aliento, pero no conviertas cada mal comportamiento en una batalla. Atribuye algunos comportamientos a la inmadurez y deja que desaparezcan o sigan su curso con el tiempo. No tienes que señalar cada error que cometen tus hijos, especialmente cuando son inmaduros por naturaleza. Cuando castigas conforme a unas expectativas poco realistas, enojas a tu hijo. La Biblia dice: "Y ustedes, padres, no hagan enojar a sus hijos, sino críenlos según la disciplina e instrucción del Señor" (Ef. 6:4). Castigar a tus hijos por cuenta de las falsas expectativas los angustia y conduce a comportamientos negativos como el enojo o las rabietas en la infancia, y rebeldía en los años de adolescencia.

Tú eres la experta en conocer a tu hijo.

Recuerda que tú eres la experta en conocer a tu hijo. Está bien que animes a tu hijo a que haga su mejor esfuerzo al tiempo que mantienes el equilibrio evitando expectativas poco razonables. Incluso un ligero ajuste en tus expectativas puede traer un gran alivio a un hijo que realmente quiere dar lo mejor de sí pero que está limitado por su nivel de madurez.

NO ES PERSONAL

Toda la tarde Jamie se enfrentó con su hija adolescente. Cuando llegó la hora de la cena y hablé con ella por teléfono, dijo: "Te aseguro que la tiene conmigo. Ella sabe exactamente dónde darme para sacarme de quicio".

Todas hemos pasado por lo mismo. Estamos convencidas de que nuestros hijos están en contra de nosotras. Estamos convencidas de que su objetivo principal es enloquecernos.

Déjame tranquilizarte: no es algo personal. Bueno, en realidad es algo muy personal para ellos, al querer lo que quieren, pero no es un ataque personal. No es contra ti. No tomes su comportamiento como un ataque personal.

Cada niño y cada adolescente quiere salirse con la suya. Es la naturaleza humana. Los niños van a desafiar los límites porque su meta final es lograr la independencia (y como padres ese debe ser también nuestro objetivo final). Eso es normal.

El deseo de independencia en un niño nada tiene que ver contigo. Los adolescentes quieren irse de la casa porque anhelan libertad. Tal vez te hagan sentir que su verdadero motivo es alejarse de ti, pero en realidad es alejarse de todo lo que parece restringido o exige rendición de cuentas. Tú representas límites, de modo que su deseo natural es escaparse. Sin embargo, su deseo de escapar puede percibirse como un rechazo personal si no reconoces cuál es su verdadera fuente de ese impulso.

Debemos cuidarnos de tomar como un ataque personal las acciones de nuestros hijos, porque el instante en que lo hacemos nos volvemos padres ineficaces. Así es. El instante en que tomamos su comportamiento como algo personal, suceden tres cosas:

1) *Perdemos el control.* De repente es nuestro hijo el que nos "dirige", y esto nos ubica en la posición de seguidores.
2) *Nos enojamos.* Nos ofende el comportamiento de nuestro hijo y tomamos una actitud defensiva y angustiada al intentar controlar o enfrentar nuestro enojo.
3) *Perdemos el enfoque.* Cuando tomamos su comportamiento como un ataque personal, volvemos su comportamiento algo que tiene que ver con nosotras (algo que nos avergüenza, nos exaspera, etc.), en lugar de tratarse de sus malas decisiones.

Una mamá contó en su blog la historia de una ocasión en la que llevó a su hijo a un parque para reunirse con algunas nuevas amigas que también eran madres. Mientras hablaba con ellas, a su hijo se le ocurrió una gran idea. Esta es la historia en palabras de Kasey:

> Me di vuelta para ver a mi hijo, con sus pantalones en los tobillos, lanzando un chorro de orina de 45 grados. La peor parte fue oírlo gritar "¡pasen por el rociador!" a los horrorizados niños que lo miraban boquiabiertos.
>
> Creo que las mamás presentes vieron cómo crecía mi enojo. Estaba lista para dar rienda suelta a todas las técnicas de disciplina conocidas. En ese momento, una de mis nuevas amigas madres tocó mi brazo y me sonrió. ¡Yo estaba ATERRADA! ¿Cómo podía sonreír?
>
> En voz amable y compasiva, me miró a los ojos. "Todas hemos pasado por lo mismo. Sé que vas a encargarte de eso, pero no dejes que tu vergüenza determine su castigo. Es algo gracioso".[2]

Estas son palabras de sabiduría para todas nosotras. También podríamos añadir "no dejes que tu enojo determine su castigo". En nuestra labor de crianza sucede que nuestros hijos nos enojan. Nos avergüenzan a veces. Sin embargo, tenemos que aprender a mantener nuestras emociones bajo control en lo que respecta a las consecuencias.

Esta nueva amiga le dijo a Kasey, y a todas nosotras: no tomen el comportamiento de su hijo como una ofensa personal. No se trata de ti. No lo vuelvas algo personal. Tus hijos son imperfectos. Ellos van a hacer muchas cosas que tú nunca imaginaste enfrentar. Mantén tu perspectiva. Busca el lado gracioso de la situación (¡si puedes!) y, ante todo, mantén tu enfoque en tu hijo.

---

2. Kasey Johnson, "Sidewalk Sprinkler", Smarter Moms (blog), 20 de octubre de 2011, http://smartermoms.wordpress.com.

¡SÉ UNA MAMÁ QUE DICE "SÍ"!

Un verano, cuando mis dos hijos más pequeños estaban en la escuela, entraron corriendo y dijeron: "Mamá, ¡hace calor afuera! ¿Podemos ver si hace suficiente calor para cocinar un huevo sobre la acera?". Mi lado práctico empezó a decir no, pero me contuve. *¿Por qué no dejarlos? ¿Por qué no puedo decir sí? ¿Es esto "desperdiciar" un huevo o simplemente usarlo para un propósito diferente y provechoso?*

Al final dije: "Claro, si quieren intentarlo, ¡adelante! Solo les pido que laven la acera cuando terminen". Sacaron un huevo del refrigerador y salieron a prisa para probar su experimento científico.

Después de veintisiete años de ser madre, al fin estoy aprendiendo a ser una mamá que dice "sí" en lugar de decir "no" todo el tiempo. No ha sido una transición fácil, pero sí importante. Durante años, mis interacciones con mis hijos se parecían más a esto:

"No, no puedes pintar con los dedos" (se ensucia demasiado).

"No, no puedes hornear galletas hoy" (¡acabo de limpiar el piso de la cocina!).

"No, no puedes traer a casa hoy a un amigo" (tendría que recoger o llevar al niño).

"No, no puedes jugar en la nieve" (no me siento con ganas de arreglar botas, pantalones, gorros y guantes mojados).

Sin embargo, con el tiempo empecé a prestar atención a los nos y a mi razonamiento previo. Por lo general, tenía que ver con mi egoísmo. *Yo* no quería limpiar suciedad. *Yo* no quería que me molestaran. *Yo* no quería más trabajo. No es agradable admitirlo, pero era cierto. ¡Mi egoísmo privaba a mis hijos de algunas alegrías propias de una infancia normal!

Una tarde los niños preguntaron: "¿Podemos soplar burbujas en la casa?". Al principio dije no porque las burbujas han sido siempre una actividad exterior. Pero luego pensé en mi respuesta. *¿Por qué no dejar que soplen burbujas en la casa? ¡Tenemos contenedores a prueba de regueros!* ¿Por qué me apresuro siempre a decir no? Al final dije: "Está bien, pueden soplar burbujas en la casa. Diviértanse".

Y se divirtieron.

Y ese día empecé a ser una mamá que dice "sí" con más frecuencia que "no". ¿Por qué decimos no casi siempre? Hay tres razones que se infiltran en nuestro síndrome de "la mamá perfecta":

1) *No queremos que nos incomoden.* Algunas de sus peticiones suponen más trabajo para nosotras. Es difícil reconocerlo, pero es ahí donde aparece nuestro egoísmo.

2) *Nos falta ser flexibles.* La mayoría tenemos una idea fija en la cabeza acerca de cómo debe ser nuestro día. Cuando los niños presentan una petición espontánea, nos resulta difícil cambiar de planes para acomodar sus ideas.

3) *Somos protectoras.* El instinto natural de nuestros hijos es explorar y buscar la independencia. Nuestro instinto natural como padres es proteger. Algunas veces esos dos instintos chocan. Para ser una mamá que dice "sí", tenemos que equilibrar nuestro deseo de protegerlos y su necesidad de explorar.

La maternidad me confrontó con mis cualidades menos deseables. A veces mis hijos han sacado lo peor de mí. Sin embargo, Dios no desperdicia nada. Él usa a mis hijos para acercarme a Él. Cuando me estrello cara a cara con mis defectos, mis debilidades y mi pecado, esto es un recordatorio de mi necesidad de un Dios que quiere que yo sea más y más como Él.

Analiza tus interacciones con tus hijos. ¿En qué momentos sale a relucir tu *peor* cara? ¿Es egoísmo? ¿Impaciencia? ¿Un sentimiento de agobio? Cuando tu egoísmo, impaciencia o enojo salen a la super-ficie, dile a Dios que lo sientes, pídele su fortaleza, y sigue adelante con su ayuda. Después de todo, no solo nuestros hijos necesitan madurar. A las madres también nos hace falta "crecer" un poco más.

¿Quieres atacar de frente tu idealismo? ¿Necesitas ser más flexi-ble con tus "planes perfectos"? Procura ser una madre que dice "sí" más que "no". Aumentarás tu capacidad y de paso bendecirás a tus hijos.

CUIDADO CON LAS COMPARACIONES

Vivimos en una sociedad que se actualiza constantemente. Es normal desear lo que no se tiene. Millones de personas buscan el iPhone 5 aunque tengan un iPhone 4S perfectamente funcional. Se tiran a la calle televisores en perfecto estado porque han sido reemplazados por uno más nuevo y moderno. Siempre comparamos lo que tenemos con lo que no tenemos.

Si no somos cuidadosas, podemos hacer lo mismo con nuestros hijos. Piénsalo por un momento. Piensa si alguna vez has compa-rado a tus hijos con:

Los hijos de tus amigas. Sin darnos cuenta podemos com-parar a nuestros hijos con sus compañeros. Esto puede hacernos sentir mejor (nuestro hijo sobresale entre sus amigos) o muy por debajo de lo que se espera (si nuestro hijo tiene un mal desempeño comparado con sus amigos).

Los hermanos de tu hijo. No lo hacemos intencional-mente, pero con frecuencia luchamos con las diferencias entre nuestros hijos. Catalogamos a uno como "difícil" y a otro como "fácil".

El niño perfecto imaginario. Con demasiada frecuencia se trata de un niño "ideal" que hemos creado en nuestra mente. Nuestro hijo nunca está a la altura de ese niño perfecto.

Contigo misma. Fácilmente podemos imponer nuestras fortalezas, gustos y estilos de aprendizaje a nuestros hijos desprevenidos que difieren de nosotros emocional y académicamente.

Es fácil comparar, ¡pero vaya si es perjudicial para nuestros hijos que son criaturas únicas! El Salmo 139:13-14 dice: "Tú creaste mis entrañas; me formaste en el vientre de mi madre. ¡Te alabo porque soy una creación admirable! ¡Tus obras son maravillosas, y esto lo sé muy bien!". ¡Dios entretejió a tu hijo perfectamente! Él sabía perfectamente lo que hacía. Esa voluntad firme que muestra tu hijo algún día pude convertirlo en un gran líder eficaz. Su habilidad para discutir puede ser precisamente la fortaleza que necesite para ser un buen abogado. Su sensibilidad puede convertirlo en un padre perspicaz. Los rasgos que detestas o anhelas cambiar deben manejarse pero no rechazarse.

Cuando comparamos a nuestros hijos con otros, con nosotras mismas, o con el "hijo perfecto" de nuestra imaginación, estamos rechazando sus cualidades únicas e impidiendo su desarrollo como personas únicas creadas por Dios.

Esto también puede suceder con los sueños que abrigamos para nuestros hijos. Nuestras esperanzas para nuestros hijos se originan con frecuencia en comparaciones. Queremos ofrecerles las mismas oportunidades que nosotras tuvimos, o incluso mejores que las que tuvimos. Anhelamos que sean tan exitosos como sus hermanos, sus compañeros, o los otros niños de la iglesia.

Sin embargo, estas esperanzas y sueños no siempre coinciden con la identidad real de tus hijos, con su forma de ser, o con sus intereses. Tal vez desees que tu hijo sobresalga en los deportes, pero tal vez a él le interesa más el piano que el remo. Tal vez deseas que

. . . .

tu hija disfrute el ballet tanto como tú, pero puede que le interese más la fotografía que las zapatillas. Quizá deseas que tu hijo reciba clases que tú nunca tuviste, pero puede ser que a él le interesen más las matemáticas que la música.

Y luego viene la universidad. La universidad no es un sueño uniforme que acomoda a todos los padres. Algunos jóvenes consideran que trabajar un par de años antes de ir a la universidad es una buena estrategia. Otros quizá decidan entrar en una práctica o aprender un oficio. Otros puede que elijan casarse y empezar una familia sin terminar la universidad. Nuestros sueños pueden sencillamente no ser una realidad para ellos.

Siempre existe la posibilidad de que nuestros hijos tomen decisiones que empañen nuestros sueños y cambien para siempre su futuro en algo que, al menos al principio, parece más una pesadilla. Mi amiga Lisa experimentó esto cuando su hijo de diecinueve años se convirtió en padre. Sus planes universitarios cambiaron cuando tuvo que trabajar de tiempo completo para sostener a su familia. Otra amiga tuvo que recibir a su hija universitaria de regreso en casa porque no administró bien su dinero. Ciertamente estos no eran los sueños que tenían estas madres para sus hijos.

La realidad puede definirse por los intereses y talentos de cada hijo. Puede estar determinada por nuestras diversas metas. Puede ser que sus decisiones determinen una realidad que nunca imaginamos posible. ¿Qué hacer cuando nuestros sueños se estrellan con la realidad? Ajustamos nuestras expectativas y amamos a nuestros hijos incondicionalmente. Exploremos lo que puede ser esa clase de amor.

EL AMOR ES LO MÁS IMPORTANTE

A veces las relaciones son complicadas. ¿Por qué? Porque se trata de personas imperfectas. ¿Y qué queremos hacer, por naturaleza, con las personas imperfectas? ¡Queremos cambiarlas! Sin embargo, procurar cambiar a otra persona equivale a amarnos más a nosotras mismas que al otro. Ay.

Encontramos unos versículos en la Biblia que se conocen como "el capítulo del amor". Se lee con frecuencia en las bodas y se le asocia con el amor marital. Sin embargo, estos versículos atañen a toda clase de amor y son perfectamente aplicables al amor por nuestros hijos imperfectos.

> El amor es paciente, es bondadoso. El amor no es envidioso ni jactancioso ni orgulloso. No se comporta con rudeza, no es egoísta, no se enoja fácilmente, no guarda rencor. El amor no se deleita en la maldad sino que se regocija con la verdad. Todo lo disculpa, todo lo cree, todo lo espera, todo lo soporta (1 Co. 13:4-7).

Veamos lo que podemos extraer del "capítulo del amor" en 1 de Corintios.

El amor es paciente. ¿Soy paciente con mi hijo que es tan diferente de mí?

El amor es bondadoso. ¿Soy bondadosa cuando a mi hijo le toma el doble del tiempo de lo que pensé realizar una tarea?

El amor no es envidioso. ¿Deseo que mi hijo sea más como el hijo o la hija de otra mamá?

El amor no es orgulloso. ¿Soy pronta en publicar lo que mi hijo hace bien o escondo aquellas áreas en las que parece no dar la talla?

El amor no se comporta con rudeza. ¿A veces deshonro a mi hijo y exijo que sea otro y no la persona única que Dios creó?

El amor no es egoísta. ¿Soy a veces egoísta en mi relación con mi hijo?

El amor no se enoja fácilmente. ¿Cuánta energía gasto enojándome con mi hijo?

El amor no guarda rencor. ¿Tengo una lista constante en mi mente que registra todo lo que mi hijo ha hecho mal?

El amor no se deleita en la maldad sino que se regocija con la verdad. ¿Mantengo mi mente enfocada en la verdad de Dios con respecto a mi hijo?

El amor todo lo disculpa. ¿Protejo a este ser humano único que Dios me ha confiado aun cuando desafía mi autoridad?

El amor todo lo cree. ¿Confío en que Dios tiene todo dispuesto para la vida de este hijo? ¿Creo que Dios conoce lo que le espera en el futuro y lo que no?

El amor todo lo espera. ¿Creo y espero lo mejor para este hijo o temo lo que el mañana traerá?

El amor todo lo soporta. ¿Mantengo mi mente en las posibilidades futuras en lugar de enfocarme en las dificultades y desafíos que enfrento hoy?

¡Vaya! ¡Esto es un verdadero desafío! No te preocupes, no eres la única para quien estos parámetros de amor son un reto. Yo, sin duda, no logro cumplir con todos. Solo Dios ama perfectamente. Tú y yo debemos evaluarnos con sinceridad y trabajar en las áreas donde Dios quiere que crezcamos.

Si aprendemos a amar incondicionalmente y a brindar más un ambiente seguro en términos de emociones y relaciones, el amor nos da seguridad cuando fallamos. El amor abraza los desafíos con

. . . .

un corazón dispuesto a aprender. El amor le permite a nuestros hijos ser ellos mismos. El amor no da la espalda e ignora los problemas. Los padres amorosos enfrentan los problemas que tienen sus hijos. El amor establece límites y pide cuentas. No obstante, el amor incondicional da cabida a las diferencias, permite el fracaso y celebra la individualidad. El amor es la fortaleza que nos permite ajustar las expectativas. El amor brinda la perspectiva para no tomar a título personal el comportamiento de nuestros hijos. El amor nos permite decir sí cuando todo en el interior de nuestra lógica mental quiere decir no. El amor nos da la gracia para aceptar la realidad en lugar de buscar las comparaciones. El amor es el lenguaje que debe hablarse entre una madre imperfecta y un hijo imperfecto.

El amor nos da seguridad cuando fallamos.

APLICA EL ANTÍDOTO

La maternidad nos lleva a nuestros límites. Si lo permitimos, Dios usará a nuestros hijos para suavizar nuestras asperezas y fortalecer nuestro carácter. Si buscas escapar de la infección de la perfección en tu labor de madre, elige una o varias estrategias que presento a continuación, y aplícalas como antídotos.

Rechaza el orgullo y abraza la humildad

A veces sentimos que la única responsabilidad de nuestros hijos en la vida es humillarnos. (¡Especialmente en un mal día como mamás!). De alguna forma, la mayoría de nosotras tenemos que tomar la determinación de rechazar el orgullo, o este invadirá nuestra mente y nuestras emociones.

La próxima vez que estés con un grupo de mamás para contar anécdotas, relata tu momento más vergonzoso como

....

madre. (Ya sabes a cuál me refiero: ¡la historia que juraste que nunca revelarías!). Resiste el pensamiento orgulloso de que la anécdota te hará quedar mal.

Decide no "retocar" la foto escolar de tu hijo.

Cuando tu hijo toma una mala decisión, da gracias a Dios por ese momento humillante. Dale gracias por el recordatorio de que tu hijo no es perfecto, y tú tampoco. Pídele que obre en tu corazón y en el corazón de tu hijo a través de esa situación.

Cuando tu hijo toma una buena decisión, da gracias a Dios. Da a Dios todo el crédito por su obra en la vida de tu hijo.

Rechaza la inseguridad y abraza la confianza

Las madres inseguras se comportan según el comportamiento de sus hijos. Las madres confiadas no cambian conforme al mal comportamiento de sus hijos. Tú puedes aplicar tu entendimiento con confianza en las situaciones prácticas.

Resiste el impulso de controlar el comportamiento de tu hijo. Cuando tu hijo hace un berrinche, pasa junto a tu hijo (el doctor Kevin Leman señala en broma que debemos resistir el impulso de *pisar* al hijo) y sigue adelante con tus actividades. Vive tan segura en tu papel de madre que dejas a tu hijo experimentar la consecuencia de no tener público para su berrinche.

Si tu hijo se porta mal en un lugar público, sencillamente di a los presentes "esto es algo que estamos aprendiendo; discúlpennos un momento". Resiste el impulso de convertir tu enojo en la consecuencia. En lugar de eso, confiada-

. . . .

mente pide cuentas a tu hijo de su comportamiento (con una consecuencia verbal o específica), si es necesario.

Cuando te sientas insegura y no sepas qué hacer, pide ayuda a Dios inmediatamente. Busca ante todo experimentar su seguridad y adquirir conocimiento de su dirección.

Resiste el juicio y abraza la gracia

Puesto que tratamos con nuestros hijos día y noche, es muy fácil verlos a través del filtro de sus defectos. Las técnicas siguientes son útiles para impedir que la infección de la perfección se extienda más en tu corazón.

Resiste el impulso de etiquetar a tu hijo ("ella es mi hija difícil" o "esta siempre sabe cómo sacarme de quicio"). Una mamá reemplazó las etiquetas negativas con esta declaración: "Ella tiene muchas cualidades; es solo que son difíciles de manejar para una madre". Ese ligero cambio en tu manera de pensar y de hablar acerca de tu hijo puede arrancar el juicio y conservar la gracia en tu corazón.

La próxima vez que tu hijo hace algo mal, trabaja en esto como una oportunidad para el "crecimiento cerebral". Recuerda que esto es parte normal del proceso natural de maduración. Resiste el impulso de reaccionar con enojo, y elige reaccionar con amor, liderazgo y gracia.

Pide a Dios que te revele en qué te juzgas a ti misma o a tu hijo sin darte cuenta. Cuando seas consciente de esto, da gracias a Dios por entenderlo, pide perdón por juzgar en tu corazón y pide a Dios ayuda para poder verte a ti misma y a tu hijo a través de sus ojos de amor y de gracia.

....

ACEPTA A TU HIJO, HERMOSO E IMPERFECTO

¿Alguna vez has pensado en algunas de las personas más sobresalientes de la historia y lo que fueron de niños? Ray Kroc, el fundador de McDonald's, abandonó la secundaria. Thomas Edison, el inventor de la bombilla, fue expulsado de la escuela porque se distraía fácilmente. Henry Ford, el inventor del automóvil, decepcionó a su padre porque no se hizo cargo de la granja familiar. Ben Cohen, de los helados Ben y Jerry, asistió a varias universidades y no terminó ninguna.[3] Todos estos hombres han cambiado de alguna manera nuestro mundo. Las travesuras, los desafíos y las dificultades de la infancia fueron todos aportes a la forma como Dios eligió usarlos.

No existen hijos perfectos, solo hijos únicos que cometen errores en la vida y son maravillosos tal y como Dios los hizo.

---

3. Brett y Jate McKay, "25 of the Greatest Self-Made Men in American History", Art of Manliness, December 12, 2008, http://artofmanliness.com.

CAPÍTULO 4

〜೭〉

NO EXISTEN CUERPOS
perfectos

Me dirigí al escenario para una sesión de *Moms Night Out* en una conferencia de *Hearts at Home*. El tema de nuestra conferencia ese año fue Madres reales... Vidas reales... Historias reales. Yo decidí demostrar la realidad en lo que respecta a los desafíos del cuerpo.

Invité a mi hija Anne, en avanzado estado de embarazo, a que me acompañara en el escenario. Hablé acerca de cómo me gustaban las nuevas tendencias para la ropa de maternidad que aceptaban con gusto "la barriguita". Hace dieciséis años, en mi último embarazo, las mujeres embarazadas usaban tiendas de campaña para vestir. Conté cómo me gustaba este nuevo estilo que acentuaba la belleza del milagro que crece en el interior.

Entonces lancé el desafío: nuestra cultura por fin ha aceptado el vientre del embarazo. Ahora ha llegado el momento de empezar un movimiento llamado "aceptemos el vientre post-embarazo". Me di media vuelta y dejé ver con orgullo mi "vientre post-embarazo". Sin ajustador de silueta. Sin retener el aire. Sin faja. Tres mil madres estallaron de emoción.

....

Ay, ¡los desafíos del cuerpo femenino! Si eres madre por vía de un embarazo, sabes bien que esas criaturas estiran tu cuerpo en más formas de lo que creíste posible. Incluso si eres madre por adopción has descubierto quizás que el cuerpo femenino experimenta bastantes desafíos. Las hormonas que se enfurecen y un metabolismo que falla con la edad hace que la mayoría de nosotras, de algún modo, luchemos con nuestra imagen corporal. A esto se suma la "adoración" de nuestra cultura por un cuerpo esbelto y la obsesión de Hollywood con las estrellas de cine y televisión que lucen perfectas, y tendrás que lidiar además con comparaciones injustas.

COMPARA MANZANAS CON MANZANAS

Si, como la mayoría de las madres, te sientes insegura con respecto a tu imagen corporal, tu peso, tus estrías, o tu gordura, tal vez estás comparando manzanas con naranjas: tu cuerpo con las fotos retocadas de los famosos o las modelos. Cuando hacemos esa comparación, tú y yo siempre estaremos por debajo. Los cuerpos reales sencillamente no se ven así.

Comparemos manzanas con manzanas. Para ser franca, mi vientre podría servir de tablero de tres en raya. Con líneas verticales de estrías y cicatrices horizontales de cirugías, es indudable que mi vientre no luce como esos cuerpos que aparecen en las revistas o la televisión. Esas estrías no se limitan a mi vientre. También están en mis muslos, cintura, y por detrás. ¿Te identificas con esto?

Además de eso están los problemas de piel. El acné adulto a menudo invade mi espalda en la parte superior, y en ocasiones aparece en mi pecho y cara. Cuando no uso crema de base, mi piel luce irregular y manchada. Las arrugas han aparecido alrededor de mis ojos y boca, y en mis manos. ¡Quién lo hubiera pensado! ¿Tienes que lidiar también con esa clase de problemas en la piel?

Tengo además venas varicosas. Algunas mamás las desarrollan en los veinte, otras en los treinta y otras en los cuarenta. Líneas azul

....

verdosas largas y curvadas recorren mis piernas en sentido vertical.
¡Estoy segura de que nunca he visto eso en ninguna actriz o modelo
de revista! ¡Seguramente no soy la única que tiene ese problema!

Está bien, sigamos. Cuatro años de ortodoncia enderezaron mis
dientes, pero algunos volvieron a torcerse en la vida adulta (supongo
que debí ser más juiciosa en usar el retenedor. ¡Lo siento, mamá!).
Esos dientes tampoco son tan blancos como solían ser. De hecho,
¿recuerdas la revista que mencioné alguna vez? Uno de los "retoques" que hicieron a la foto fue blanquear mis dientes. En efecto, si
viste esa portada y comparas mis dientes con los tuyos, eso sería una
comparación injusta: mis dientes no son tan blancos.

¿Y qué dices de tu cabello? ¿Qué problemas tienes con tu cabello? ¿Es grasoso? ¿Seco? ¿Demasiado fino? ¿Demasiado grueso?
¿Demasiado ondulado? ¿Demasiado liso? ¿Demasiado rizado?
¿Demasiado áspero? Mi cabello es grueso y áspero. Cuando voy a
la peluquería, mi esteticista tiene que usar las tijeras de entresacar
hasta que le duele la mano. ¡Luego pierdo cabello durante días después de un corte!

Por supuesto, también están los problemas de peso. ¿Dónde
aumentas de peso? ¿Por todas partes? ¿En tu parte posterior y muslos? ¿En tu vientre? Ahí es donde yo aumento de peso. Es una batalla constante para mí y lo ha sido durante años (¡de ahí mi campaña
a favor del "vientre post-embarazo"!).

Como si esto fuera poco, soy ciega como un topo sin mis anteojos o lentes de contacto. Tengo algo que se llama "lengua geográfica", que significa que tengo manchas raras en mi lengua. También

Tu cuerpo es más "normal" de lo que piensas.

tengo fibromialgia, que causa episodios de intenso dolor físico y
agotamiento. Está, además, el síndrome de colon irritable con el que
he luchado durante años, y un problema en la vejiga que me hace
orinar cada vez que toso o estornudo.

Puede ser que tus problemas corporales sean más serios y

debilitantes. Mi amiga Jeralyn lucha con la artritis reumática. Otra amiga, Carla, tiene que usar caminador y sufre un intenso dolor desde un accidente automovilístico en el que su cuerpo quedó aplastado.

Estoy segura de que te has visto reflejada en algunas de estas descripciones. Podrías añadir a esto los desafíos que enfrentas y que no he mencionado aquí. Tu aporte podría servir de consuelo a otra mamá para sentirse mejor con su cuerpo al saber que no es la única que enfrenta esas luchas. Como puedes ver, cuando comparamos cuerpos similares, descubrimos que somos más "normales" de lo que pensamos. Este descubrimiento es el primer paso para aprender a amar el cuerpo real que Dios nos ha dado.

¿QUÉ PIENSA DIOS?

Cuando te miras en el espejo, ¿a través de qué filtro te miras? ¿Comparas lo que ves en el espejo con lo que ves en los artículos de revista o en la televisión? ¿O te ves a través de los ojos de Dios? Sus ojos se fijan más en la condición de tu corazón que en la condición de tu piel. Podemos hacer las paces con nuestro cuerpo si aprendemos a verlo a través de los ojos de Dios. Exploremos lo que dice Dios acerca de nuestro cuerpo y de nuestro corazón.

Primera de Corintios 6:19-20 pregunta: "¿Acaso no saben que su cuerpo es templo del Espíritu Santo, quien está en ustedes y al que han recibido de parte de Dios? Ustedes no son sus propios dueños; fueron comprados por un precio. Por tanto, honren con su cuerpo a Dios". En la misma epístola leemos antes: "¿No saben que ustedes son templo de Dios y que el Espíritu de Dios habita en ustedes?... porque el templo de Dios es sagrado, y ustedes son ese templo" (1 Co. 3:16-17). El libro de Romanos nos da esta instrucción: "les ruego que cada uno de ustedes... ofrezca su cuerpo como sacrificio vivo, santo y agradable a Dios" (Ro. 12:1). Primera de Corintios nos recuerda también: "ya sea que coman o beban o hagan cualquier cosa, háganlo todo para la gloria de Dios" (1 Co. 10:31). Todos estos versículos nos dicen que nuestros cuerpos pertenecen a Dios. Él nos pide que cuidemos nuestro cuerpo y lo tratemos como la morada preciosa del Espíritu Santo. De modo que cuidar nuestro cuerpo físico es un asunto de mayordomía. Cuidamos algo que en realidad no es nuestro sino que pertenece a Dios.

Cuando piensas en estos versículos, ¿sientes que tu cuerpo es en realidad un regalo de Dios? Así lo siento yo. De hecho, ¡es un regalo que Dios mismo ha dado! En el Salmo 139:13-14, leemos: "Tú creaste mis entrañas; me formaste en el vientre de mi madre. ¡Te alabo porque soy una creación admirable! ¡Tus obras son maravillosas, y esto lo sé muy bien!".

¿Alguna vez has trabajado y te has esforzado en gran manera para hacer un regalo? ¡Yo sí! Lo que me viene de inmediato a la mente son las colchas de camisetas que hice en Navidad para mi hijo y para mi yerno. La colcha de mi hijo se hizo con quince camisetas y la de mi yerno era doble, ¡con cuarenta camisetas! Yo corté, planché, y cosí hasta que soñaba con camisetas. Para la colcha que tenía cuarenta necesité la ayuda de otra persona para poder maniobrar y pasarla por la máquina de coser. ¡Sin la ayuda de mi madre y de mi esposo nunca la hubiera terminado! Cuando le presenté las colchas a los chicos el día de Navidad, yo les anuncié: "Si alguna vez se preguntan si los amo, nada más miren estas colchas. Son la evidencia de mucho sacrificio y de un corazón lleno de amor por ustedes".

Ahora imagina a Dios tejiendo tu cuerpo. Cuando termina la última puntada, Él dice: "Si alguna vez te preguntas si te amo, mira nada más el cuerpo increíble que te he dado. Es la evidencia del sacrificio y de un corazón lleno de amor por ti". Nuestro cuerpo es algo verdaderamente prodigioso. El cuerpo, este regalo increíble, ¡contiene más de 300 millones de capilares nada más en los pulmones! No solo eso, sino que cada riñón en tu cuerpo contiene

....

un millón de filtros individuales que purifican la sangre y la orina. ¿Sabías que los huesos en tu cuerpo son tan fuertes como granito en su capacidad para soportar el peso? De hecho, un pedazo de hueso del tamaño de una caja de fósforos puede soportar diez toneladas de peso, ¡cuatro veces más que la capacidad del concreto! Y ni qué hablar de eficiencia: una sola célula sanguínea puede completar un circuito del cuerpo entero en apenas sesenta segundos.[1] El cuerpo humano es una obra de arte compleja que Dios diseñó y nos dio a cada una. ¡Piensa en esto la próxima vez que te pares frente a un espejo y quieras empezar a criticar tu cuerpo!

DISFRUTA EL DON DE TU CUERPO

Cuando regalé a mi hijo y a mi yerno sus colchas, lo único que yo esperaba era que disfrutaran del regalo que yo había hecho y lo cuidaran bien. Dios espera lo mismo de nosotras: que disfrutemos del don de nuestro cuerpo y lo cuidemos bien. Podemos hacer esto moviéndonos, descansando, hidratándonos y alimentándonos bien.

¡Muévete!

El ejercicio es un aspecto esencial del cuidado de nuestro cuerpo. Hay dos clases de ejercicio que debes hacer: entrenamiento cardiovascular y entrenamiento muscular. ¡La buena noticia es que no necesitas una membresía a un gimnasio para ninguno de los dos! Puedes hacer entre treinta y cuarenta y cinco minutos de ejercicio cardiovascular cuando sales a una caminata con una amiga o con tus hijos mientras ellos montan su bicicleta. Además del ejercicio cardiovascular de cuatro o seis días por semana, asegúrate de realizar ejercicios de entrenamiento muscular dos o tres veces por semana. El entrenamiento muscular puede realizarse con ejercicios

---

1. "Top Amazing Facts About the Human Body", adaptado de *The Reader's Digest Book of Facts*, publicado en Listverse, Junio 10, 2008, http://listverse. com.

de fortalecimiento muscular como abdominales, flexiones, levantamiento de pesas, y bandas elásticas. El entrenamiento muscular quema calorías, incrementa el metabolismo, aumenta la densidad ósea, fortalece los músculos y mejora el equilibrio. ¿Tienes algunas latas de sopa en tu despensa? ¡Saca unas y empieza a levantarlas!

¡Descansa!

Nuestro cuerpo está diseñado para regenerarse durante el sueño. Cuando dormimos, el sistema inmunológico se fortalece, las hormonas que regulan el apetito se liberan, y el cerebro y el cuerpo reciben el descanso necesario para la memoria y la salud general. El sueño es para el cuerpo lo que el reinicio es para una computadora. Elimina los deshechos para que puedas funcionar mejor. Si estás despierta en la noche para cuidar a un bebé, no dudes en tomar una siesta durante el día si es posible. Si no completas entre siete y nueve horas de sueño cada noche, es hora de tocar la almohada más temprano (¡para la mayoría de las mamás levantarse más tarde no es opción!). ¡Incluso acostarse treinta minutos antes de tu hora usual puede ayudar mucho en el cuidado de este regalo que Dios te ha dado!

¡Hidrátate!

¿Sabías que muchos dolores de cabeza son un síntoma de deshidratación? Definitivamente es mejor para nuestro cuerpo beber un vaso de agua que echar mano del botiquín. A mí personalmente no me gusta el sabor del agua sola, de modo que he descubierto que si le añado una rebanada de limón, naranja o incluso de pepino, es más probable que beba el agua que necesito. Tengo una amiga que bebe su agua en una hermosa copa de cristal. Ella afirma que tomar el agua de un recipiente bonito es una forma de "darse un gusto" especial. Recuerda la regla de 1 x 8: toma una taza de agua ocho veces al día. Esto mantendrá tu nivel de energía y tu cuerpo funcionando bien.

·········

¡Aliméntate!

La mayoría de nosotras no tiene problema en alimentar nuestro cuerpo. El reto es alimentarlo con comidas saludables. Es muy fácil pasar en el auto por el restaurante de comida rápida y considerar cumplida la tarea de "alimentarse". En casa tal vez comamos perros calientes o macarrones con queso. Estas opciones están bien si son esporádicas, pero tienen que ser la excepción y no la regla. Mantén siempre a mano frutas y verduras para servir con las comidas y para picar. Lee las etiquetas y elige alimentos que no tengan preservativos o grandes cantidades de sodio. Opta por carnes magras como pavo en lugar de carne de res molida. Limita los dulces para ocasiones especiales en lugar de consumirlos diariamente. En lugar de bebidas carbonatadas toma agua o té. Limita el uso y la cantidad de edulcorantes artificiales. Estos cambios sencillos pueden ayudarte a alimentar tu cuerpo con los alimentos saludables que necesita.

¿Y QUÉ DEL CORAZÓN?

Dios nos ha dado este increíble cuerpo para vivir en esta tierra, y Él quiere que lo cuidemos. Sin embargo, a Dios le interesa más que cualquier otra cosa la condición de nuestro corazón. Encontramos evidencia de esto en cómo reveló Dios a Samuel esta poderosa verdad: "La gente se fija en las apariencias, pero yo me fijo en el corazón" (1 S. 16:7).

Entonces, ¿qué ve Dios cuando se fija en nuestro corazón? ¿Significa esto que Dios se fija en el órgano con aurículas y ventrículos que bombea sangre por nuestro cuerpo? No, no en este caso. El corazón al que Dios se refiere es el centro de lo que somos: nuestros pensamientos, creencias, emociones y deseos. Nuestro corazón determina nuestras prioridades, obediencia, fidelidad y lealtad. El corazón puede ser duro e inflexible a Dios o puede ser suave, maleable y sensible a la influencia de Dios. Esto es lo que Dios busca cuando se fija en nuestro corazón. Cuando Dios nos susurra,

¿obedecemos o desobedecemos? Cuando enfrentamos una situación difícil, ¿elegimos el camino de Dios o insistimos en nuestro propio camino? ¿Nos caracteriza el orgullo o la humildad? ¿El enojo o el perdón? ¿La crítica o la gracia? ¿El miedo o el valor? Todos estos son el resultado de la condición de nuestro corazón. Son el fruto (bueno o malo) en nuestra vida.

La Biblia habla del buen fruto en el libro de Gálatas, donde se usa el término *fruto del Espíritu*. Primero, el libro de Gálatas describe la batalla entre la "carne" y el "espíritu". Esto no se refiere a nuestro cuerpo físico sino a hacer las cosas a nuestra manera en lugar de hacerlas a la manera de Dios: "Así que les digo: Vivan por el Espíritu, y no seguirán los deseos de la naturaleza pecaminosa. Porque ésta desea lo que es contrario al Espíritu, y el Espíritu desea lo que es contrario a ella. Los dos se oponen entre sí, de modo que ustedes no pueden hacer lo que quieren" (Gá. 5:16-17).

Luego Dios nos muestra lo que es "andar en la carne": "Las obras de la naturaleza pecaminosa se conocen bien: inmoralidad sexual, impureza y libertinaje, idolatría y brujería; odio, discordia, celos, arrebatos de ira, rivalidades, disensiones, sectarismos y envidia; borracheras, orgías, y otras cosas parecidas" (Gá. 5:19-21). Hay varias cosas en esta lista con las cuales no tengo problemas, pero admito que puedo ser propensa a "andar en la carne" en lo que respecta a la idolatría (pensar en algo más que en Dios), celos, arrebatos de ira (como cuando aparece la mamá monstruo), rivalidades, disensiones (provocar una pelea con mi esposo), y envidia. ¿Tienes problemas con algunas de estas?

Lo hermoso es que Dios no nos deja sin una visión de lo que Él anhela que experimentemos. Él nos muestra su visión en los versículos 22-23 y 25-26: "En cambio, el fruto del Espíritu es amor, alegría, paz, paciencia, amabilidad, bondad, fidelidad, humildad y dominio propio… Si el Espíritu nos da vida, andemos guiados por el Espíritu. No dejemos que la vanidad nos lleve a irritarnos y a

....

envidiarnos unos a otros". Lo que Dios dice es que cuando vivimos la vida a su manera, experimentamos algunos resultados maravillosos como paciencia, paz, gozo, y dominio propio. ¿Quién no ha pedido esto en oración?

Es allí donde el cuidado de nuestro interior (el corazón) concuerda con el cuidado de nuestro exterior (el cuerpo). Muchas de nosotras deseamos tener más dominio propio en la alimentación y el ejercicio, y con frecuencia aplicamos la estrategia del "cambio en los hábitos". Por desdicha, ese cambio de hábitos suele durar muy poco. ¿Por qué? Porque tratamos de hacer cambios externos sin llegar al corazón del asunto, en sentido literal. En Proverbios 4:23 leemos: "Por sobre todas las cosas cuida tu corazón, porque de él mana la vida". Todo el fruto del Espíritu nos da vida en algún sentido. Cuando le permitimos a Dios guiar, abrimos los "manantiales de vida" y nos libramos de la tiranía de nuestros deseos, nuestros ídolos, nuestro enojo, nuestras exigencias, y nuestra búsqueda de las cosas de este mundo.

Lisa TerKeurst trata el tema en su exitoso libro *Fui hecha para desear: No solo de pan vivirá la mujer*: "Buscar una vida saludable no es perder peso nada más. No se limita a ajustar nuestra dieta y esperar buenos resultados físicos. Es recalibrar nuestra alma para desear el cambio espiritual, físico y mental".[2] Me encanta la frase *recalibrar nuestra alma*. Muchas veces nuestro cuerpo refleja lo que sucede en nuestro interior. Entonces intentamos cambiar nuestros hábitos, nos proponemos hacer ejercicio, declaramos que vamos a comer alimentos más saludables, prometemos acostarnos más temprano, pero nada de eso funciona en el largo plazo. Tal vez nuestra promesa de hacer ejercicio en realidad sea ineficaz por el temor al fracaso. Nuestro deseo de comer más saludable no permanece, porque usamos la comida para consolarnos en lugar de buscar en ella solo nutrición.

---

2. Lysa TerKeurst, *Made to Crave* [*Fui hecha para desear*] (Grand Rapids: Zondervan, 2012), p. 16. Publicado en español por Editorial Vida.

Nuestra promesa de acostarnos más temprano queda burlada por nuestro orgullo que dice: "Tengo todo esto en mi plato porque soy la única que en realidad puede hacer todas las tareas bien".

De modo que muchas veces tratamos de cambiar nuestras conductas externas cuando en realidad necesitamos enfocarnos en los asuntos de nuestro corazón que las producen. Por eso Dios dice que la gente mira la apariencia externa, mientras que Él mira el corazón. Dios sabe que el corazón es el manantial de la vida. Es el núcleo de lo que somos. Por consiguiente, si queremos hacer las paces con nuestro cuerpo imperfecto, tenemos que empezar con cuidar nuestro corazón.

APLICA EL ANTÍDOTO

Cuando se trata de amar nuestro cuerpo, es posible aplicar cualquiera de los cuatro antídotos que hemos citado según el problema de corazón en cuestión. Sin embargo, para fines más generales, apliquemos los dos antídotos que usaríamos la mayoría de nosotras: confianza y gracia.

Pasa de la inseguridad a la confianza

La inseguridad que sentimos la mayoría con respecto a nuestro cuerpo se basa en la manera como vemos nuestro cuerpo y con quién o con qué lo comparamos. Tú y yo pasamos de la inseguridad a la confianza cuando podemos ver nuestro cuerpo desde la perspectiva de Dios.

Si en verdad quieres recuperarte de la infección de la perfección en lo que atañe a tu cuerpo, tendrás que esforzarte un poco. Intenta poner en práctica estas dos estrategias que funcionan como antídoto en tu vida real:

Anota algunos versículos de la Biblia que he citado en este capítulo en pequeñas tarjetas. Ubica las tarjetas en

· · · · · · · ·

lugares donde puedas verlas con toda seguridad, como el espejo de tu baño o en la puerta de tu refrigerador. Incluso puedes usar un rotulador borrable y escribir un versículo en el espejo. Esto hará crecer la confianza en tu Dios, confianza que se encuentra en la Palabra de Dios.

Da gracias a Dios por las múltiples partes de tu cuerpo. Un día después de ducharte, párate frente a un espejo grande completamente desnuda. Empezando por tus pies, da gracias a Dios por cada parte de tu cuerpo diciendo solo cosas positivas y nada negativo. Podrías empezar diciendo: "Dios, gracias por mis pies. Algunas personas no pueden usar sus pies pero yo puedo. Gracias por el soporte que brindan a mi cuerpo". Sigue haciéndolo hasta que llegues a tu cabeza: "Este es mi cabello. Es castaño y muy grueso. También tengo un mechón en el lado derecho de mi frente. Esto me hace única". Repite este ejercicio tanto como puedas, aceptando verbalmente y señalando algo positivo de cada parte de tu cuerpo. Cultivar un corazón agradecido cambiará tu perspectiva y te ayudará a pasar de la inseguridad a la confianza respecto a tu cuerpo.

Pasa del juicio a la gracia

El otro antídoto que se puede aplicar es la gracia. Somos nuestras peores críticas. Nos sentamos a juzgarnos a nosotras mismas, vemos constantemente solo a través de nuestros ojos que no paran de comparar. Sin embargo, Dios no nos ve con ojos de juicio sino de gracia. También tenemos que aprender a vernos con ojos de gracia.

Dios nos valora por lo que somos, no por lo que no somos.

Cuando Dios nos ve con ojos de gracia, Él ve las posibilidades, no las limitaciones. Él ve nuestras fortalezas, no nuestras debilidades. Dios nos valora por lo que somos, no por lo que no somos. Tú y yo podemos aprender a hacer lo mismo. No es fácil, pero es posible. Hacer la paz con tu cuerpo callará la voz crítica en tu mente.

Hay algunas estrategias prácticas para pasar del juicio a la gracia. *Presta atención a tu conversación mental acerca de tu cuerpo.* ¿Aparecen viejas grabaciones de la infancia o de tus años de adolescencia? ¿Un comentario impertinente de un antiguo novio o una relación previa que nunca olvidaste? Sin darnos cuenta, aún dejamos que esos mensajes nos definan. Cuando identificas uno de esos mensajes, llámalo por su nombre: mentira. Pide a Dios que reemplace esa mentira con su verdad. (Mira el Apéndice A para estudiar la verdad acerca de quién eres). Si esos mensajes están muy arraigados, no dudes en buscar consejería cristiana. Recuerda que cuidar de tu vida emocional es tan importante como cuidar de tu cuerpo físico.

Cuando aparezca el juicio, piensa en un motivo para dar gracias y adopta una actitud de gratitud respecto a aquello que es objeto de crítica. Por ejemplo, cuando veo mi vientre lleno de rayas como una cebra, me digo: "Tengo estrías porque di a luz a cuatro hermosos hijos. Durante esos embarazos subí de peso para dar vida a esos hijos. Gracias, Dios, por darme esa oportunidad". No lo estás usando como excusa sino simplemente como recordatorio del "por qué" de aquel asunto problemático.

Cuida tu corazón antes de cuidar tu cuerpo. Si decides que quieres cambiar algo respecto a tu cuerpo, trabaja de adentro hacia fuera. Cualquier cosa que se hace sin Dios es en vano. Expresa a Dios tu plan. Pídele que examine tu corazón y que te revele cualquier cosa que se interpone en el cuidado de tu cuerpo. Tal vez quieras orar algo así como: "Señor, quiero cuidar este cuerpo que me has dado. Me gustaría lograr un peso adecuado para mi estatura. ¿Podrías ayudarme a ver lo que debo hacer para cuidar mi corazón a fin de que pueda cuidar exitosamente mi cuerpo?

. . . .

ACEPTA TU CUERPO, HERMOSO E IMPERFECTO

¿Alguna vez has pensado en todo aquello a lo que sometemos el cuerpo? Piensa en el peso adicional del embarazo o simplemente el peso adicional de la edad. ¿Y qué de cargar a un bebé por todas partes sobre la cadera? ¿De convertir nuestros senos en la fuente primaria de alimentación para un bebé? ¿De arrastrarnos a gatas con nuestro pequeño? Cargamos, nos inclinamos, nos estiramos y sostenemos posiciones hasta que nos duele la espalda terriblemente. Perdemos horas de sueño y soportamos estrés. Recorremos docenas de miles de kilómetros con nuestros pies. Damos miles de baños con nuestras manos. Nuestro cuerpo nos permite abrazar, sonreír y enjugar todas las lágrimas de aquellos a quienes amamos.

No existen cuerpos perfectos, pero cada una de nosotras tiene uno que nos sirve mejor de lo que muchas veces entendemos.

CAPÍTULO 5

NO EXISTEN MATRIMONIOS
perfectos

Querida Jill,

Estoy cansada. Estoy enojada. Parece que mi esposo y yo estamos casi siempre en desacuerdo, especialmente ahora que tenemos hijos. Todas las demás parejas parecen locamente enamoradas. Veo fotografías de parejas y familias en Facebook y en blogs. Supongo que también hay fotos en mi blog que se ven bien. Pero la verdad es que no comunican la realidad de que el matrimonio es trabajo arduo y a veces no siento que sea cierto eso de vivir "felices para siempre". ¿Soy la única que se siente así?

Amanda

....

Querida Amanda,

No, no eres la única que se siente así.
El matrimonio es difícil y definitivamente
requiere arduo trabajo. Bienvenida al
mundo real: No existen matrimonios perfectos.

Jill

Así empezó una conversación de Facebook con una mamá una noche de verano. Nuestras expectativas de la historia de amor perfecta nos dispone para el fracaso cuando surgen los verdaderos desafíos del matrimonio. Después de todo, la mayoría de nosotras nos criamos con películas de Disney. Soñamos con un apuesto príncipe que nos encuentra, nos toma en sus brazos y nos lleva en su corcel hacia el atardecer.

Incluso los mejores matrimonios enfrentan desafíos cuando entran niños en la escena. Se cuestionan los valores, se hacen evidentes las diferencias, se duerme poco, los temperamentos explotan, chocan los estilos de crianza, y la vida es sencillamente un caos. Los matrimonios reales enfrentan desafíos reales. Si has pensado como Amanda, comparando la realidad interior de tu matrimonio con las apariencias externas de otros matrimonios, es preciso tener una discusión sincera para que puedas entender mejor la vida matrimonial real y los desafíos reales que todas enfrentamos.

1 + 1 = 14

El primer desafío que enfrenta todo matrimonio es la unión de dos familias de origen. Desde el principio, una nueva pareja es la mezcla de patrones y costumbres familiares profundamente arraigadas de dos familias diferentes. Tal vez una familia manejaba los conflictos fingiendo que no existían. Por otro lado, la familia del otro manejaba el conflicto gritando y protestando. Una de las familias tenía un estilo de crianza que daba mucha libertad a los hijos. La otra tenía un hogar muy estricto con un montón de reglas y límites. Una familia hacía grandes celebraciones de cumpleaños con montones de regalos, mientras que la otra familia solo felicitaba al que cumplía años con palabras de ánimo pero pocos festejos. Una familia iba a la iglesia cada domingo, mientras que la otra solo en la Pascua y Navidad.

Mark y yo nos estrellamos con esto un mes después de decir "acepto". Era el cumpleaños número veintitrés de Mark, y yo planeaba una celebración al estilo de mi familia: un pastel hecho en casa, una comida hecha en casa, y una casa llena de parientes. Pronto descubrí que esa no era la forma como la familia de Mark celebraba los cumpleaños. Según Mark, teníamos que salir a comer, comprar un pastel en una tienda con letras de dulce que formaban la palabra CUMPLEAÑOS, con amigos y familiares invitados. ¿Cómo podía yo saber que mi familia se había equivocado todos esos años?

Los cumpleaños fueron solo el comienzo. Había diferencias en las vacaciones de verano, en las Navidades, en la Pascua. Según cada uno había una forma "correcta" de asar, de hacer chili, de administrar el dinero, y de limpiar el baño. Había incluso una forma "correcta" de poner el rollo de papel higiénico en el dispensador. Como es de suponer, ¡rara vez estábamos de acuerdo en la forma correcta porque nuestras formas "correctas" eran completamente diferentes!

No solo las tradiciones y los hábitos chocaban, sino que de repente había más de dos personas en esta nueva relación. Él trajo a su familia a nuestra nueva unión y yo también traje a mi familia a esta relación. 1 + 1 no era igual a 2. ¡Más bien parecía ser igual a más de doce personas! ¿Es esto lo que quería decir "en las buenas y en las malas"?

....

Cada matrimonio enfrenta el desafío de la mezcla de dos familias. Sin darnos cuenta, los dos llegamos al matrimonio con la expectativa de que esta nueva familia que formamos haga las cosas al estilo de la familia de la que salimos. ¡Ah! Vuelve a aparecer esa palabra *expectativa*. Siempre nos mete en líos, ¿no es así?

Si te has hallado en desacuerdo con tu esposo acerca de la comunicación, la crianza, el sexo, el dinero, o en qué sentido se pone el rollo del papel higiénico, no estás sola. Estos son desafíos comunes en todos los matrimonios. Es mucho trabajo mezclar dos vidas, dos perspectivas, dos trasfondos y, por supuesto, ¡dos tipos de expectativas!

Si alguna vez te ha desilusionado la realidad del matrimonio, los problemas con los antecedentes de sus familias de origen (que parecen incompatibles), estás entre amigas. La mayoría de nosotras hemos experimentado ese sentimiento. Esto no significa que sea hora de tirar la toalla. No significa que sean incompatibles. No significa que no hayas encontrado a tu alma gemela. Simplemente significa que eres normal, absolutamente normal.

El matrimonio de verdad no es el que ves en las series de televisión.

EL MATRIMONIO ES ARDUO TRABAJO

El matrimonio es trabajo arduo. No hay atajos. Al principio, la mayoría de nosotras creía que era cierto el dicho del "amor ciego". Esas diferencias eran fascinantes, al menos al comienzo. Nuestros horizontes se expandieron con esta nueva conexión familiar, y descubrimos nuevas experiencias que nos parecieron encantadoras. Sin embargo, con el tiempo los desafíos se volvieron, adivina qué... ¡desafíos!

El matrimonio de verdad no es el que ves en las comedias. No es lo que ves en las películas, y definitivamente no es lo que ha inspirado las novelas de romance. Sin duda hay elementos allí en los que nos vemos reflejadas. Pero por desdicha, los medios establecen, por lo general, expectativas que no son realistas, o más bien fantasiosas, de lo que debe ser una relación matrimonial amorosa.

Si somos francas, el matrimonio real saca a relucir lo "peor" de nosotras. El egoísmo y el orgullo asoman su horrible cabeza en la vida cotidiana de un matrimonio normal. Después de todo, nos gustan las cosas como nos gustan. Nuestra manera de hacer las cosas *es* la correcta. Nuestro racionamiento es siempre más lógico que el de nuestra pareja. ¿No es así?

En su libro *Matrimonio sagrado*, el escritor Gary Thomas plantea esta pregunta: ¿Y si Dios diseñó el matrimonio para santificarnos más que hacernos felices?[1] Vaya, esa es una pregunta que sí te deja pensando. Aun así, piensa un poco en ello. Toma a dos personas muy diferentes y ponlas en la misma familia, en la misma casa, e incluso en la misma cama, y luego pídeles de repente que empiecen a dormir juntos, tomar decisiones juntos, criar hijos juntos, y navegar por los giros y vueltas de la vida juntos. Esa es una receta perfecta para el conflicto.

Es en la convivencia diaria y cotidiana que surge todo lo peor de nosotros. Si estamos dispuestas a mirarnos con honestidad, podemos ver cuán egoístas somos realmente. Nuestra naturaleza humana siempre quiere hacer las cosas a su manera. Esa es la raíz del egoísmo. Cuando lo único que nos importa somos nosotras mismas y nuestras propias necesidades, ignoramos las necesidades de nuestra pareja. ¿Cómo se manifiesta este egoísmo en la vida diaria? Puede que lo haga de maneras totalmente insospechadas. Por ejemplo, si estás sentada en la computadora escribiendo un correo electrónico cuando tu esposo entra por la puerta después de trabajar fuera todo el día, ¿dejas a un lado lo que estás haciendo, te paras y lo saludas con un beso? Si no, el egoísmo ha reinado. Te importó más la tarea que estabas tratando de llevar a cabo que la persona que entró por la puerta. Ay ay, eso duele, ¿no es así?

1. Gary Thomas, *Matrimonio sagrado* (Miami: Editorial Vida, 2005).

. . . .

Somos por naturaleza personas egoístas. Sin embargo, Dios nos mostró un camino mejor. Él nos dio el ejemplo de la vida de siervo cuando envió a su Hijo Jesús a la tierra. Jesús sirvió. Lavó los pies. Pasó tiempo con las personas cuando había más por hacer de "la lista de tareas". Al final dio su vida por la nuestra. Ese es el acto más desinteresado que alguien puede hacer. Dios nos mostró el camino para vivir sacrificándose por el prójimo en Filipenses 2:3-5: "No hagan nada por egoísmo o vanidad; más bien, con humildad consideren a los demás como superiores a ustedes mismos. Cada uno debe velar no sólo por sus propios intereses sino también por los intereses de los demás. La actitud de ustedes debe ser como la de Cristo Jesús".

Yo me aventuraría a afirmar que la mayoría de las madres tienen menos problemas en demostrar esto con sus hijos que con sus esposos. Esperamos de ellos algo diferente de lo que esperamos de nuestros hijos. Después de todo, nuestros niños son eso, *niños*. Pero un esposo, bueno, es un adulto. Tiene más responsabilidad. Se espera más de él. Pregúntate si es posible que este sea el mensaje que a veces albergamos en lo profundo de nuestros corazones: "Mi esposo es un adulto. Se supone que él debe servirme así como yo lo sirvo a él. Si él no cumple con su parte del trato, ¿por qué habría yo de hacerlo?". Ah... el egoísmo vuelve a asomar. Todas luchamos con esto de una forma u otra. Sin embargo, hay algo más que hace del matrimonio una empresa que exige arduo trabajo. Es el "monstruo" del orgullo.

El orgullo es la raíz de gran parte de los conflictos matrimoniales. El orgullo cree que tiene la razón, que sabe la única manera como se hacen las cosas. El orgullo dice que *tú* estás más equivocado que yo. El orgullo dice que no estoy equivocada en nada. El orgullo dice que una disculpa sería señal de debilidad. El orgullo impide que el conflicto se resuelva y se demuestre amor.

Los matrimonios perfectos no existen porque están conformados por dos personas imperfectas. Por desdicha, el orgullo nos impide reconocer cuán imperfectas somos. Dios nos dice: "Al orgullo le sigue la destrucción; a la altanería, el fracaso" (Pr. 16:18). Aplica esto al matrimonio y recordaremos que el orgullo puede destruir un matrimonio. Esta es una verdad poderosa. Entonces, ¿por qué luchamos con el orgullo? Por el control. Creemos falsamente que estamos protegidas manteniendo el "control" de una situación en lugar de servir o de someternos a nuestro cónyuge. Creemos falsamente que necesitamos tener el control de nuestra relación para que nadie, ni siquiera nuestro cónyuge, pueda aprovecharse de nosotras. Creemos falsamente que nuestra forma de proceder es la única correcta y que tenemos que mantener el control de la situación, a fin de que todo se haga correctamente.

¿Te cuesta reconocer alguna de estas afirmaciones? Tal vez sea el orgullo que vuelve a asomar. No queremos reconocer que estamos equivocadas, que hemos pecado, o que tenemos motivaciones erradas. Seamos francas: si eres humana, luchas con el orgullo. No hay matrimonios perfectos porque no hay personas perfectas que conformen la unión de dos vidas.

¡ES IMPOSIBLE PARA UN HUMANO!

¿Qué hacemos con el egoísmo y el orgullo que se acumulan en nuestro corazón? Para empezar, volvamos a la esencia de la pregunta de Gary Thomas. Permitamos que el matrimonio nos impulse a buscar la santidad, profundice nuestro caminar espiritual, y nos haga más como Cristo.

¿Quieres ser feliz? El camino a la "felicidad" es la santidad. Busca la santidad, en serio. Permíteme contarte lo que viví el año pasado, la verdad de cómo la felicidad es el resultado de buscar la santidad.

En julio de 2011, mi esposo empezó a entrar en un pozo profundo de depresión y desilusión. No prestaba atención a mis necesidades ni a las necesidades de la familia. Estaba encerrado en su propio mundo de mentiras con las que el enemigo lo alimentaba. Yo le preguntaba a Dios qué hacer, y sabía que la respuesta de Dios era: "Quiero que lo ames". Yo le decía a Dios: "No sé si te has dado cuenta, pero en este momento él es bastante difícil de amar". Y Dios me respondía en lo profundo de mi alma: "Pues bien, yo no sé si te has dado cuenta, pero tú también eres a veces difícil de amar". Entonces le pedí a Dios que me mostrara cómo amar a mi esposo en su depresión. Durante ese tiempo me acerqué tanto a Dios que sentía que le preguntaba qué hacer cada momento del día. Yo sencillamente no tenía la energía o el conocimiento para saber cómo amar a alguien que se portaba de manera tan poco amorosa conmigo. Sin embargo, Dios me mostró cada paso a seguir. Cuando Mark se comunicaba de manera agresiva, yo respondía con suavidad. Cuando Mark ponía distancia entre nosotros, yo me acercaba y oraba por él. Cuando él me rechazaba y salía por la puerta, yo le pedía a Dios cómo mantenerme firme dentro de los límites necesarios pero, al mismo tiempo, demostrarle el amor que Dios me pedía manifestarle. Claro, en ocasiones fallé. Mi carne se opuso al Espíritu de Dios. Pero pedía perdón y seguía adelante en su gracia.

Durante el período en el que Mark vivió en otro lugar, me invitaba a cenar una vez por semana. Decía que era para propósitos de comunicación, no de restauración. Cada vez yo iba a la cena en actitud de oración: "Dios, esto es demasiado para mí. Tú tienes que poner amor. Déjame ser un instrumento nada más". Una noche Mark se quebrantó y dijo: "¿Cómo puedes tratarme con tanta amabilidad cuando te he tratado tan mal?". Sin pensarlo dije: "Es solo porque Dios lo hace, Mark. Esto es imposible para un humano". Él se rió de mi expresión inventada. Yo también me reí. En realidad no sé de dónde vino. Salió de mi boca sin siquiera pensarlo. Aun así, fue la descripción perfecta de lo que sucedía en mí en ese momento.

Buscaba la santidad, y Dios me daba lo que necesitaba cuando lo necesitaba. Fue una experiencia absolutamente imposible en términos humanos. Mi carne quería arremeter contra mi esposo, pero mi corazón estaba controlado por Dios, que es más poderoso. Yo solo tenía que disponerme.

Pero eso no es todo. Pude incluso encontrar paz y gozo en medio de ese momento tan horrible. No me malinterpretes. Lloré desconsoladamente. Hubo días en que no pude estar en condiciones de preparar una comida para mis hijos. Tenía el corazón roto y profundamente herido por las acciones de mi esposo. Sin embargo, puesto que me había aferrado a Dios en medio de todo esto, descubrí cuán ciertas eran las palabras de Jennifer Rothchild cuando habló en la conferencia *Hearts at Home* de 2010: "Puede que mis circunstancias no sean buenas, pero mi alma está bien". Yo sabía sin duda alguna que, en medio de mis circunstancias tan inestables, mi Dios era el mismo. Yo sabía que iba a estar bien aun si mi esposo no regresaba a nuestra casa y a su familia. No quería que eso sucediera. De hecho, nunca dejé de creer en mi matrimonio. Sin embargo, yo sabía que Dios sigue siendo

Dios sigue siendo Dios aun cuando nuestras acciones son impías.

Dios aun cuando nuestras acciones son impías. Saber que el amor, la provisión y la protección de Dios no cambian a pesar de que el amor, la provisión y la protección de mi esposo sí, me dio un sentido de contentamiento que era también totalmente imposible para un humano.

Esta historia tiene un final feliz. Mi esposo sí regresó a casa arrepentido y dolido por el sufrimiento que causó. Se dispuso a rendir cuentas frente a algunos amigos, empezó a reunirse con ellos semanalmente para leer la Biblia. Pidió perdón a Dios y caminó en su gracia. Me pidió perdón a mí y a nuestros hijos, a nuestros dos yernos y a nuestra nuera. Buscó por sí mismo la santidad, se sumergió en la verdad de Dios, fijó límites para mantener a raya la tentación, y recibió la ayuda de un consejero cristiano. Un día, al cabo de unas seis semanas después de este nuevo compromiso con Dios y su familia, me envió un texto: "Acabo de darme cuenta de algo: soy feliz. Soy realmente, verdaderamente feliz". Él también, al buscar la santidad, ¡encontró de paso la felicidad!

¿Con qué imperfecciones luchas en tu vida? ¿De qué manera el egoísmo, el orgullo y otros lastres de tu corazón te han impedido alcanzar la santidad y la felicidad? Los esfuerzos por vivir a la manera de Dios que son imposibles humanamente son los que nos permiten acercarnos más a Él, como nunca antes.

ÉL ES TU ESPOSO, NO TU HIJO

El correo electrónico que recibí empezaba como tantos otros mensajes y conversaciones de Facebook que he intercambiado con otras madres a lo largo de los años. "Querida Jill, soy madre de cuatro... bueno, cinco, con mi esposo". Sé que he dicho eso antes. La mayoría lo hemos dicho. Lo hacemos para poner un poco de humor e incluso camaradería a nuestra conversación con otra mamá. Pero ¿alguna vez has considerado lo irrespetuoso y degradante que es para tu esposo catalogarlo al mismo nivel de tus hijos?

Si consideramos desde otro ángulo el concepto de "expectativas", podríamos ver que algunas "esperamos" que nuestros esposos sean irresponsables. Sí, ya sé que, por lo general, haces el comentario ligero de comparar a tu esposo con tus hijos cuando te refieres a algo trivial: nunca encuentra el frasco de salsa de tomate que está justo en la segunda repisa del refrigerador, igual que los niños. O lo dices porque olvida hacer algo que prometió y entonces tienes que hacerlo como acostumbras hacerlo por el resto de la familia.

Y tú nunca pasas por alto la salsa de tomate ni olvidas detalles ni tareas, ¿cierto?

Si yo "espero" que mi esposo actúe como un niño y yo soy como su "mamá", voy a perder el respeto hacia él como mi esposo. Hay un problema con eso porque Dios nos ha encomendado una gran "tarea" en nuestro matrimonio: respetar a nuestros esposos (Ef. 5:33).

Entre más tomo con seriedad mi obediencia a Dios al respetar a mi esposo, más veo cambios positivos en mi matrimonio. Mi amiga Karen me ha desafiado en este aspecto en su libro *The God-Empowered Wife* [La esposa fortalecida en Dios]. Leer estas palabras trae profunda convicción a mi vida:

> Cohibimos a nuestros esposos cuando actuamos como su madre y luego nos quejamos porque no toman la iniciativa. Cuando eso no funciona, hacemos intentos disimulados por controlarlos y cambiarlos, presionándolos y empujándolos para que hagan lo que nos parece, o poniendo un "buen ejemplo" para ver si ellos captan la idea. Al final, quedamos totalmente en evidencia, haciendo el máximo esfuerzo por obligar a nuestros esposos y preguntándonos por qué no cooperan… Nos volvemos la esposa dominante, aun cuando esa no fue nuestra intención inicial.[2]

Oh, eso sí que me tocó muy hondo. ¿A ti también? Aquí es donde Dios me ha desafiado últimamente. Me doy cuenta de que mis expectativas han vuelto a perjudicar mis relaciones, pero no porque sean demasiado elevadas sino todo lo contrario. Las bajas expectativas me impiden dar a mi esposo el respeto que merece.

Sue Bohlin trata este asunto en su irónico artículo titulado "Cómo arruinar su matrimonio en 8 pasos sencillos". El siguiente es el paso número 7:

> Esposas, *sean la mamá* de sus esposos. Cuando la gente les pregunte cuántos hijos tienen, digan algo como: "Dos, o más bien tres, contando a mi esposo". Díganle que se

---

2. Karen Haught, *The God-Empowered Wife* (Booksurge, 2007), p. 66.

ponga su chaqueta cuando llueve, porque él no se da cuenta por sí solo. Cerciórense de decir "te lo dije" tanto como puedan. Si es pasivo o irresponsable, intervengan rápidamente y rescátenlo para que no tenga que enfrentar las consecuencias de sus actos. Asegúrense de que se sienta como si tuviera tres años. Díganle cómo vivir su vida hasta el mínimo detalle.

Bohlin dice después: "Lo que realmente queremos decir es: por favor, si te das cuenta de que estás haciendo esto, pide ayuda a Dios para ser *constructiva* en lugar de *destructiva*. Queremos ayudarte a *construir* tu matrimonio, no a *arruinarlo*".[3]

No soy la única con este problema, ¿cierto? Creo que muchas de nosotras luchamos con este estilo de pensamiento en nuestro propio matrimonio. ¿Sabes qué estoy aprendiendo ahora que intento corregir este error en mi matrimonio? Mantengo mi boca cerrada. Esa ha sido una de las lecciones más importantes.

LO QUE NADIE QUIERE DECIR

La mayoría de nosotras luchamos con egoísmo y orgullo en el matrimonio. A la mayoría nos resulta un gran desafío vivir la realidad de "respetar" a nuestro esposo. No obstante, algunas veces las dificultades van mas allá de ese aspecto fundamental de tu relación. ¿Y si enfrentas problemas mucho más graves? ¿Y si tu matrimonio ha sufrido por cuenta de la pornografía, la infidelidad, o el maltrato? ¿Y si el divorcio es parte de tu historia y la nueva descripción de tu unidad familiar es *familia mixta*? ¿Y si tú deseabas un matrimonio como parte de tu vida pero en lugar de eso eres madre soltera? ¿Y si tu esposo y tú están separados y el tema del matrimonio es muy doloroso? ¿Y si tu esposo ha perdido su empleo y el banco los ame-

3. Sue Bohlin, *"Trash your Marriage in 8 Easy Steps"*, Probe Ministries, 2003, www.probe.org.

naza con quitarles su casa? ¿Y si vives con un hombre que te critica constantemente o lucha con la depresión?

Cuando sufres esta clase de dificultades y angustias, es fácil sentirte completamente aislada con tu mundo de problemas. Pero *no estás sola*. No compares la realidad interior de tu matrimonio con la apariencia de matrimonios ajenos. Las apariencias no muestran la verdad. Las caras sonrientes en las tarjetas de Navidad no revelan el dolor que se sufre tras bambalinas. Aunque tus luchas son muy personales y pueden ser muy dolorosas, no son únicas. Muchas otras madres enfrentan o han enfrentado las mismas dificultades que tú. El punto es encontrar a alguien que comprenda. Para ser franca, hoy es más fácil que en el pasado. Puede que no encuentres a una madre en tu vecindario o comunidad, pero una sencilla búsqueda en Google te conectará con sitios web y blogs de mamás que enfrentan toda clase de dificultades posibles.

Por ejemplo, tenemos a Trisha Davis. Ella tiene con su esposo Jim un blog en www.refineus.org. Después de fundar con éxito su primera iglesia, Justin tuvo un romance con una mujer que era parte del equipo de trabajo y también la mejor amiga de Trisha. Esta pareja ya lleva varios años superando los cuatro años de dolor, sufrimiento y, en última instancia, la restauración de su relación. Ellos hablan abiertamente en su blog acerca de la restauración de un matrimonio que ha sido marcado por la infidelidad. Encontrarás a Laura en www.laurabwilliams.com, con una historia similar que inspira esperanza a quienes están superando una aventura amorosa.

En www.brokenheartonhold.com conocerás a Linda. Ella y su esposo estuvieron separados tres años antes de la restauración de su matrimonio. En www.todayschristianwoman.com busca un artículo excelente de Cheri Fuller, basado en una experiencia de primera mano, acerca de cómo vivir cuando tu esposo está deprimido. Si eres madre soltera, tal vez quieras echar un vistazo a www. thelifeofasinglemom.com, donde encontrarás mamás comprensi-

········

vas. Si eres divorciada o uno de tus títulos es "madrastra", Laura Petherbridge, de www.laurapetherbridge.com, puede ser tu aliada.

Con tantas problemáticas diversas que enfrentan las madres resulta imposible tratarlas aquí todas, pero el punto es que sí hay dónde buscar ayuda. Existen otras mujeres que han recorrido el camino que tú recorres. Hay mujeres dispuestas a hablar con franqueza acerca de temas de los que nadie quiere hablar. Un ministerio muy completo que puede guiarte en la dirección correcta es Enfoque a la Familia. Marca 1-800-A-FAMILY y empieza una conversación con "Busco recursos acerca de (escribe el asunto o tema)", y alguien te señalará algunos de los mejores recursos disponibles.

No finjas que el mundo está bien cuando no es así.

No sufras en silencio. No creas la mentira del enemigo de que eres la única que enfrenta lo que sea que estás enfrentando. No te aísles, ni te pongas una máscara, ni finjas que el mundo está bien cuando no es así. Sé sincera. Pide ayuda. Busca recursos que te mantengan enfocada en Dios, arraigada en la verdad, y conectada con alguien que entiende.

No existen esposas perfectas. No existen esposos perfectos. No existen matrimonios perfectos.

CAMBIA LAS EXPECTATIVAS

La declaración "¡Mi esposo y yo somos tan incompatibles!" deja ver que hay falsas expectativas. ¡Toda pareja casada es maravillosamente incompatible! Claro que algunos compartimos, más que otros, aficiones, intereses, creencias y perspectivas de la vida similares. Aun así, toda pareja lucha con las diferencias en un grado u otro. No es realista esperar que las diferencias no existan. Cambia tus expectativas de lo que necesitarás para buscar la unidad en tu matrimonio. Puedes esperar que habrá diferencias: cuenta con ellas, y con que a veces traerán conflicto.

Esto nos lleva a la siguiente expectativa que precisa un ajuste.

El conflicto es normal. Sí ocurre. Es parte natural del proceso de dos vidas que se entrelazan. Lo importante es aprender a manejar el conflicto sabiamente. No podemos esperar que nuestros matrimonios estén exentos de conflicto. Habrá conflictos. Vendrán, y si los usas bien, en realidad pueden enriquecer tu intimidad. Espera altibajos emocionales en tu matrimonio. Ninguna pareja se siente "enamorada" todo el tiempo. Los sentimientos fluctúan, cambian, y no siempre nos dicen la verdad. Si sientes que ya no amas a tu cónyuge, reconoce que el amor verdadero es una elección, no un sentimiento. Realiza más actos de amor y con el tiempo tus sentimientos volverán a avivarse.

Puedes prever que en ocasiones tendrás que pedir ayuda cuando tu relación va en la dirección incorrecta. Cuando nuestro cuerpo está enfermo, vamos al médico. Cuando nuestro matrimonio está enfermo, un consejero cristiano puede ser de gran ayuda para facilitar la comunicación y discernir la raíz del conflicto. Si no sabes por dónde empezar, pide recomendaciones de tu pastor o amigos que han tenido buenas experiencias de consejería. No dudes en cambiar de consejero si sientes que uno de ustedes, o ambos, no logran establecer una buena relación con él o ella.

Da por hecho que tendrás que comunicar tus expectativas. Tu esposo no lee la mente. Él no siente igual que tú. No piensa igual que tú. No toma decisiones ni procesa las dificultades igual que tú. Si quieres algo de él, pídeselo. *Con palabras.* Esa conversación te ayudará a obtener lo que necesitas o a darte cuenta de que tus expectativas están fuera de lugar.

Una vez oí a alguien decir: "Las expectativas son resentimientos preconcebidos". Quedé fría con esa afirmación. Esto se aplica especialmente a la relación matrimonial, donde nuestras expectativas frustradas se vuelven resentimiento, que a su vez se vuelve amargura, luego enojo y, en última instancia, se convierten en conflictos que podrían evitarse.

………

Está bien prever algunas realidades como diferencias, conflicto, e inestabilidad emocional. Pero cuídate de no poner tu esperanza en otro, agobiándolo con tus expectativas de cómo debería obrar o responder. No lo hagas responsable de tu felicidad. Esa clase de expectativas crean resentimientos que pesan en tu corazón y son perjudiciales.

APLICA EL ANTÍDOTO

La infección de la perfección ha contaminado matrimonios del mismo modo que ha contaminado todas las otras partes de nuestra vida. El primer paso para volverse resistente a este dañino mal es reconocer su existencia y su efecto en nuestro matrimonio. Cuando podemos ver la realidad del matrimonio, podemos empezar a aplicar los antídotos necesarios.

Cambia el orgullo por humildad

En ninguna otra relación es tan importante cambiar el orgullo por humildad. El orgullo impide la resolución de conflictos. Nos impide asumir nuestra responsabilidad. Nos impide estar dispuestas a ver que hay otras maneras válidas de hacer las cosas además de la que nos parece correcta. El orgullo separa, lastima, e incluso destruye.

La humildad es el eje de un matrimonio saludable. La humildad ayuda a resolver los conflictos. Nos permite asumir nuestras responsabilidades, sin importar cuán grande o pequeña sea nuestra parte en el problema. La humildad nos permite ver que otras personas tienen buenas ideas. La humildad une, sana, y edifica. Si necesitas cambiar el orgullo por humildad en tu corazón, las siguientes estrategias te parecerán útiles:

Acepta tu responsabilidad. Aun si tu esposo está equivocado un 90 por ciento y tú solo estás equivocada un 10

....

por ciento, discúlpate por tu 10 por ciento y pide perdón, sin importar que tu esposo acepte o no su parte. Tú y yo somos las únicas responsables de la condición de nuestro corazón y de nuestra obediencia a Dios.

Considera lo que dice Dios acerca del orgullo. Si vas a www. biblegateway.com y buscas la palabra *orgullo*, encontrarás más de sesenta versículos relacionados. Yo diría que es un tema de gran importancia. Estos versículos del libro de Proverbios nos ayudan a entender por qué necesitamos tratar con el orgullo: "yo aborrezco el orgullo y la arrogancia, la mala conducta y el lenguaje perverso" (8:13), "con el orgullo viene el oprobio; con la humildad, la sabiduría" (11:2), "el orgullo solo genera contiendas, pero la sabiduría está con quienes oyen consejos" (13:10), "De la boca del necio brota arrogancia; los labios del sabio son su propia protección" (14:3), "Al orgullo le sigue la destrucción; a la altanería, el fracaso" (16:18).

Practica la humildad. La *humildad* fluye naturalmente de algunas personas pero, por lo general, necesita ser aprendida. Empieza cediendo en algo trivial. Por ejemplo, si tu esposo sugiere ir a un restaurante mejicano para cenar cuando tú pensabas ir a uno italiano, simplemente acepta de buena gana ir al mejicano. Con humildad, aceptamos nuestro lugar como integrante del matrimonio o de la unidad familiar. Cuando reconocemos que no somos más importantes que otros, podemos cambiar el orgullo por humildad.

Cambia el temor por valor

El temor nos impide ser sinceras, y esto mantiene a raya la intimidad emocional. El valor nos mantiene en actitud sincera y profundiza la intimidad en el matrimonio. El temor alimenta la inseguridad. El valor produce confianza. He aquí algunas estrategias para cambiar el temor por valor:

Identifica la raíz de tus temores. ¿Le temes al rechazo? ¿Aprendiste a mentir acerca de tus sentimientos en tu familia de origen? ¿Quieres agradar tanto a las personas que eres incapaz de ser sincera? ¿Temes que te critiquen? Tan pronto puedas identificar el origen de tus temores, entenderás mejor la motivación que precede a tus acciones. Cuenta a tu esposo tus hallazgos y pídele ayuda para cambiar el temor por valor en tus interacciones con él.

Arriésgate. ¿Tienes miedo de revelar a tu esposo lo que sientes respecto a algo? Arriésgate y responde con sinceridad una pregunta que él te haga, o expresa alguna impresión que tengas. Enfócate en el valor que Dios te da, no en el temor que sientes. Entre más riesgos tomes, más empezarás a descubrir cuánto "sobredimensionas" mentalmente algunos miedos que nunca se hacen realidad. Tu temor disminuirá y tu valor aumentará.

Evalúa tus temores. En una hoja de papel traza cinco columnas. En la primera enumera aquello a lo que más le temes. En la segunda, frente a cada temor, escribe lo peor que podría pasar si ese temor se hiciera realidad. En la siguiente columna escribe qué probabilidades hay de que suceda lo peor. En la siguiente columna, escribe lo que ese temor te impide hacer. Para terminar, escribe en la última columna cómo vas a enfrentar el temor, *escogiendo uno o dos de la lista.* Proponte una acción práctica y una fecha específica para llevarla a cabo. Ahora sigue adelante hasta llevarla a cabo y mira cómo aumenta tu valor.

....

Cambia la inseguridad por confianza

En el matrimonio, la inseguridad nos lleva a esperar que nuestro esposo supla necesidades que solo Dios puede satisfacer. Es importante necesitar al cónyuge, pero es igualmente importante necesitarlo de forma saludable y equilibrada.

La inseguridad también nos puede llevar a imponer nuestros temores a nuestra pareja. Podemos pensar constantemente en algo y preocuparnos tanto y por tanto tiempo que empezamos a creer que, en efecto, ha sucedido, cuando en realidad no es así. Considera lo siguiente si en tu matrimonio necesitas cambiar la inseguridad por confianza:

> *Evalúa la carga emocional que quizás trajiste a tu matrimonio.* Por ejemplo, ¿te abandonó tu padre cuando eras niña? ¿Esperas inconscientemente que tu esposo haga lo mismo? Si puedes entender de dónde vienen tus inseguridades, será más fácil poder superarlas.

> *Busca consejo.* A veces las inseguridades están tan arraigadas que necesitamos ayuda para comprenderlas. Unas pocas sesiones con un consejero cristiano experimentado pueden ayudarte a sacar de tu corazón la inseguridad.

> *Lee el libro* How We Love [Cómo amamos], *de Milan y Kay Yerkovich* (Waterbrook). Este libro nos ayuda a entender cómo funciona una relación "segura". También nos ayuda a comprender cómo nuestra familia de origen afecta nuestras relaciones amorosas.

Cambia el juicio por gracia

Este es uno de los antídotos más importantes que pueden aplicarse a un matrimonio. Todos albergamos juicio en nuestro corazón en algún momento. El juicio asoma su horrible cabeza en nuestro matrimonio especialmente cuando tenemos pensamientos como: *Es tan tonto, ¿cómo es posible que no entienda?* o: *Seguro que es como uno de los niños.* O: *Él es tan irresponsable.* Prueba las siguientes estrategias para cambiar el juicio por gracia:

> *Presta atención a tus pensamientos.* La Biblia dice: "Por sobre todas las cosas cuida tu corazón, porque de él mana la vida" (Pr. 4:23). Tu cabeza y tu corazón trabajan en equipo para determinar la actitud y el comportamiento. Tan pronto lanzas un juicio contra tu esposo, pide perdón a Dios y cambia ese pensamiento con algo que honre a tu esposo.

> *Da lugar a la gracia.* Cuando extiendes gracia a tu esposo, le permites ser humano y cometer errores sin ser criticado todo el tiempo. La gracia reconoce que todos cometemos errores. Dios nos da gracia cuando no la merecemos. Da gracia a tu esposo cuando no la merece.

ACEPTA A TU ESPOSO, HERMOSO E IMPERFECTO

Si tienes un esposo, da gracias a Dios ahora mismo. Hay millones de madres que cumplen su papel solas. Da gracias a Dios por las fortalezas de tu esposo, y esfuérzate por afirmarlo en algo cada día, todos los días. No dejes que la infección de la perfección y las falsas expectativas te roben lo que tienes.

No existen esposos perfectos, solo hombres imperfectos que cometen errores en la vida y te dan la oportunidad de aprender a amar en formas insospechadas.

CAPÍTULO 6

NO EXISTEN AMIGOS
perfectos

*E*ra el día anterior al sexto cumpleaños de Anne. Le había prometido para su fiesta un pastel de Barbie, el que es en forma del vestido de la Barbie. Erica, de siete semanas de nacida, había estado enferma algunos días, y resolví que ya era hora de llevarla al médico. En el examen, nuestro pediatra descubrió que Erica no solo tenía neumonía sino gran dificultad para respirar. Esto no era bueno *en absoluto* para un bebé de siete semanas. En un abrir y cerrar de ojos estábamos al otro lado de la calle ingresando al hospital para una estadía que duró cuatro días. Como yo estaba amamantando a Erica, también tuve que quedarme en el hospital todo ese tiempo. De repente la necesidad de Anne de su pastel de Barbie quedó relegada frente a la realidad de su hermanita enferma.

Llamé a mi amiga Bonnie para recoger a Anne y a Evan de la escuela ese día. A fin de que Mark pudiera pasar el mayor tiempo posible en el hospital, decidimos que los niños se quedaran en casa de Bonnie la primera noche. Durante nuestra ausencia, Anne tuvo al día siguiente la fiesta de cumpleaños más espontánea que haya

tenido. Bonnie le horneó un pastel, lo sirvió con helado e incluso le
dio algunos regalos. ¡Para eso son los amigos!

Toda madre necesita una comunidad de madres a su alrededor.
Esa clase de relaciones pueden encontrarse y nutrirse en grupos de
madres, iglesias, vecindarios, y grupos comunitarios
como el programa de lectura de la biblioteca. Mi
amiga Julie y yo nos conocimos así. Ambas llevába-
mos a nuestros hijos al mismo programa de lectura
en la biblioteca. Cada semana disfrutábamos de estar
juntas, y se desarrolló una amistad que duró más de
veinte años. Julie ahora vive lejos, pero seguimos en
contacto a través de Facebook y nos vemos cada marzo en la conferencia *Hearts at Home* en Normal, Illinois. Aunque no éramos
el tipo de amigas que hacen todo juntas, nuestros corazones com-
partían valores y prioridades similares. Ahora, veinte años después,
¡disfrutamos juntas la dicha de ser abuelas!

Toda madre necesita una comunidad de madres a su alrededor.

Las amistades son parte importante de la maternidad. Nos
necesitamos profundamente las unas a las otras. Sin embargo, las
amistades no son siempre perfectas. Si solo te contara las historias
de Bonnie y de Julie, podrías pensar que mis amistades han sido
siempre un camino de rosas. ¡Eso no es cierto! He tenido algunas
grandes amistades y algunas experiencias no tan maravillosas. No
existen amigos perfectos, pero hay formas como podemos practicar
el arte de hacer amigos y de ser un amigo.

¡AHÍ ESTÁS!

Una vez leí en una columna Dear Abby del periódico que hay dos
clases de personas en el mundo: las que entran en una habitación y
dicen: "Aquí estoy. Ven y háblame. Ven y pregúntame cómo estoy.
Ven y hazme sentir cómodo", y aquellas que entran en una habitación y dicen: "¡Ahí estás! Te ves interesante. Cuéntame de ti". Es
una distinción sutil pero fundamental.

Las amistades tienen que empezar por algo. Si eres amiga de alguien desde la infancia, tal vez no recuerdes cómo empezó esa amistad. Sin embargo, como adultos debemos saber cómo encontrar a alguien nuevo, conocerlo y decidir si vale la pena cultivar una amistad. Entre más pronto aprendemos a ser la clase de persona que dice "¡ahí estás!" más fácil será conocer gente nueva. Cuando nos quedamos en nuestro rincón de "aquí estoy", nos preocupa más nuestra propia comodidad que la de las personas que nos rodean, y difícilmente hacemos amigos.

Apliquemos esto a una situación de la vida real. Digamos que asistes con frecuencia a un grupo de mamás. Te encanta ir cada semana para ver amigas, aprender algo del conferenciante, y dejar que alguien más atienda a tus hijos por un par de horas. Una semana ves un rostro nuevo. Ha conversado un poco con algunas personas, pero es obvio que se siente incómoda y que no conoce a nadie en el grupo. Tú quieres acercarte a ella pero no sabes realmente cómo hacerlo, así que no dices nada y hablas únicamente con las mujeres conocidas. Si ella te dice algo, te encantará conversar, pero si no… no.

En esa situación has sido el tipo de persona con la actitud de "aquí estoy". No te arriesgaste y perdiste la oportunidad de ser como Jesús para alguien que necesitaba desesperadamente ser tenida en cuenta y apreciada. También te perdiste la oportunidad de conocer a alguien que hubiera podido ser (o no) una amiga.

Si ella regresa al grupo la semana siguiente, hay otra oportunidad. Esta vez decides ser valiente y ser el tipo de persona con la actitud de "¡ahí estás!". Caminas directo a ella, le ofreces un cálido apretón de manos, y dices: "Hola, soy _____", y creo que no he tenido la oportunidad de conocerte". Ella responderá dándote la mano y su nombre. Entonces puedes iniciar la conversación: *Cuéntame de tu familia, ¿vives en esta zona? ¿Qué edades tienen tus hijos? ¿Tienes una iglesia? ¿Cómo te enteraste de este grupo de mamás?* No son veinte preguntas, pero tu meta es saber más de ella y, en el proceso, hacerla sentir bienvenida y apreciada.

Así conocí a mi amiga Marianne. Su esposo tuvo una entrevista de trabajo en nuestra comunidad. Marianne y sus dos hijos lo acompañaron a la ciudad. Descubrieron un parque para jugar mientras papá iba a su entrevista. Resultó que nuestra casa quedaba junto a la puerta del parque. Como mis hijos jugaban allí y yo los supervisaba, vi cuando su esposo la dejó a ella y a los niños en el parque y se marchó. Al cabo de un rato, uno de los niños de Marianne dijo que necesitaba ir al baño. Como yo sabía que no había baños públicos en el parque, me presenté y le dije que podía usar nuestro baño. En la hora siguiente, Marianne y yo conversamos, y nació una amistad. Su esposo obtuvo el empleo, y cuando su familia se mudó a la ciudad, ella tenía ya una amiga. Puesto que nuestros hijos tenían más o menos las mismas edades, intercambiábamos noches de juego cada semana. Marianne y yo nos juntábamos con frecuencia para que los niños jugaran y para conversar acerca de asuntos interesantes. Aunque ya no somos amigas cercanas, me agrada mucho verla cuando nos encontramos en una tienda o en un restaurante, y mi vida es indudablemente más rica por el tiempo que pasé con Marianne.

Entonces, ¿eres una persona con la actitud de "aquí estoy" o "¡ahí estás!"? Descubrirlo te ayudará a saber dónde empezar a conocer personas y entablar amistades. Sin embargo, para la mayoría de nosotras, el comienzo de una amistad no es cuando experimentamos las decepciones y frustraciones de las relaciones entre mujeres. Estas pueden ser una increíble bendición para nuestra vida; pero si somos francas, también pueden ser una fuente de sufrimiento. Puesto que no hay amigas perfectas, exploremos las realidades de los desafíos propios de la amistad.

CHICAS MALAS

Yo, al igual que tú, tengo historias para contar de experiencias con "chicas malas". Como la dama que se me acercó en la iglesia para decirme que mi cabello corto y rizado le fastidiaba. Como la mujer que *tenía* que ser mi amiga. Me escribía correos y me llamaba con frecuencia, y cuando empezaba a disfrutar de conocerla y pensaba que estábamos cultivando una amistad, ella y su esposo decidieron cambiar de iglesia y de repente dejé de existir para ella. Supongo que ella solo quería ser amiga de "la esposa del pastor", pero no de "Jill".

Como aquella historia de "la amiga por conveniencia". Disfruté de la compañía de esta amiga que conocí en nuestro grupo de mamás. Ambas éramos amas de casa y vivíamos a unos tres kilómetros de distancia, lo cual nos permitía vernos con frecuencia para que los niños jugaran. También intercambiábamos a menudo el cuidado de los niños, lo cual nos permitía ir de compras solas o llevar a un niño al médico sin tener que llevarlos a todos. Cuando nuestra familia se mudó a una nueva casa a unos doce kilómetros al otro lado de la ciudad, de repente la amistad cambió. No volvió a pedirme que nos reuniéramos, y mis solicitudes fueron rechazadas. Parecía que la distancia era demasiado grande para que la amistad fuera posible. Pensé que éramos amigas de verdad, pero supongo que solo éramos "amigas por conveniencia". Cuando las cosas ya no "convenían", dejamos de ser amigas. También está la "amiga" que tuve durante ocho años en mis primeros años de maternidad. Hacíamos todo juntas, disfrutábamos la vida al máximo: reíamos juntas, orábamos la una por la otra, nos animábamos en nuestros matrimonios, maternidad y ministerio. Hacia el final de nuestra amistad pude percibir que empezaba a poner distancia entre nosotras, así que le pregunté si la había ofendido en algo. Ella dijo que no, pero siguió distanciándose. Le pregunté de nuevo y recibí la misma respuesta. Al fin me invitó un día a un café y me dijo que ya no podíamos ser amigas. Cuando le pregunté por qué y lo que había sucedido, ella dijo: "Es solo que no podemos ser amigas". Hasta la fecha, no tengo idea de lo que pasó en esa relación. Lo que sí puedo decirte es que aun hoy, casi quince años después, siento

....

un profundo dolor emocional cuando vuelvo a contarlo. Aunque la he perdonado por el sufrimiento que trajo a mi corazón, la verdad permanece: la gente imperfecta puede herirnos profundamente.

Es probable que tengas historias similares. Las relaciones entre mujeres pueden ser complicadas. De hecho, no me atreví a sostener amistades cercanas con mujeres hasta mi vida adulta. No tenía muchas amigas en mi infancia y adolescencia, solo chicos. No eran novios, sino simplemente chicos con quienes jugaba baloncesto en el lote baldío junto a nuestra casa, o chicos con los que tocaba en la banda de marcha de la escuela. Los chicos eran terreno seguro para mí, libre de traiciones y chismes. Claro que las amistadas no eran muy profundas, simplemente eran seguras. Eso me gustaba.

Cuando me volví madre, me di cuenta de mi necesidad de entablar relaciones con otras mujeres. Por primera vez en mi vida necesité a otras mujeres que comprendieran cómo era mi vida. Me sentía abrumada en mi nuevo papel, y quería saber cómo lo hacían otras madres. Aunque tengo algunos amigos de la secundaria con quienes aún estoy en contacto, la mayoría de las amistades que tengo hoy se han forjado en mi vida adulta.

¿Cómo cultivamos entonces nuestras relaciones adultas? Si encontramos amigas con la actitud de "¡ahí estás!", ¿cómo pasamos del conocimiento superfluo a una amistad? Miremos cómo se entabla una amistad y cómo se manejan las frustraciones que experimentaremos en algún momento con nuestras amigas imperfectas.

CÓMO ENTABLAR AMISTADES

Yo solía decir a las mujeres en el grupo de mamás que lideraba: "Mom2Mom es donde el lugar de encuentro con otras mamás. La sala de tu casa es donde tú haces amigas". Yo sabía que estas mujeres nunca entablarían amistades simplemente sentándose en el mismo recinto con otras cien mamás durante dos horas cada miércoles. La amistad empieza a explorarse cuando invitas a una de esas mamás a tu casa para comer un emparedado después de la reunión semanal.

No todas las mamás a quienes invitas llegarán a ser amigas cercanas, pero sin duda se convertirán en parte de tu comunidad de madres. Una comunidad de madres incluye mujeres en la misma etapa de maternidad que tú vives. Son las personas con quienes te detienes a conversar en la tienda. Con ellas intercambias mensajes en Facebook con una pregunta de cómo enseñar a los pequeños a usar el baño o cómo lidiar con un adolescente rebelde. Tus amigas cercanas son parte de tu comunidad de madres, pero también lo son tus conocidas y otras mamás amigas.

De cuando en vez, sucederá que invitas a una madre a ese emparedado y algo especial surgirá de inmediato. Ella saldrá de tu casa y tú pensarás: "¡Vaya! Eso fue magnífico. Disfruté mucho de su compañía y la de sus hijos. Me gustaría hacerlo de nuevo". Si el sentimiento es mutuo, pasarán tiempo juntas otra vez, y una y otra vez. Nacerá una amistad.

Una buena amiga es alguien a quien puedes llamar a última hora y decir: "¡Auxilio! Realmente necesito tiempo con mi esposo esta noche. ¿Podría dejarte a los niños una hora?". O: "Oye, tengo a uno enfermo y necesito llevarlo al médico. ¿Podrías ayudarme con los otros dos?". Por supuesto que la amistad es una calle de doble vía. Es indispensable que ella pueda llamarte y pedirte lo mismo, y tú tienes que estar dispuesta a ofrecer reciprocidad según sea necesario. Una buena amiga también es alguien con quien disfrutas tomar un café y te das cuenta de que las horas transcurridas parecieron minutos.

Tener buenas amigas es como tener dinero en el banco.

Sin embargo, es necesario nutrir las amistades para que puedan sostenerse. A fin de mantener la salud en la amistad, hay algunos modales para madres que debemos conocer y poner en práctica. (Mira en las páginas 112-113 los *Modales para mamás*).

❧ MODALES PARA MAMÁS ☙

*A*unque las mamás suelen ser quienes enseñan modales, ellas también necesitan cultivar sus modales en sus interacciones con otras madres. Aunque nunca he visto un libro de etiqueta para madres, hay algunas normas de cortesía que pueden existir entre madres y que se cataloguen como "Modales para mamás". Cuando me senté con un grupo de mamás a hablar acerca del tema, estos son los modales que consideramos importantes:

❧ Cuando visitas la casa de alguien acompañada de niños, antes de irte ayuda siempre a recoger los juguetes con los que ellos jugaron. Esto da ejemplo de responsabilidad a tus hijos y demuestra respeto hacia los anfitriones.

❧ Si estás en un lugar público donde hay que estar en silencio (como en una reunión o en la iglesia) con un bebé o niño pequeño, y el niño llora o hace ruido, sal del recinto tan pronto empiece para intentar calmarlo. Es un gesto de respeto hacia los que te rodean y tratan de oír un mensaje o prestar atención.

❧ Si tu bebé o niño pequeño tiene un pañal sucio cuando estás de visita, nunca tires el pañal sucio en el cubo de la basura de la familia. La mayoría de las madres están de acuerdo en que hay dos opciones: 1) Lleva siempre bolsas plásticas en tu bolso cambiador para llevar el pañal a tu casa y tirarlo, o 2) Pregunta dónde está el cubo exterior de basura para que puedas arrojar el pañal fuera de la casa o el edificio.

❧ Cuando alguien tiene un bebé, llámala cuando estés en la tienda y ofrécete a comprar leche, pan, o lo que la familia pueda necesitar.

❧ Sé pronta en confirmar o declinar las invitaciones que reciben tus hijos.

❧ Ofrécete a pagar el combustible cuando alguien te ayuda a transportar a tus hijos a un evento deportivo.

❧ Ofrécete a sostener la puerta a una mamá que entra en una tienda con un coche de bebé. Si ya no eres una mamá que lleva un coche de bebé, ¡recuerda que una vez lo fuiste!

❖ Sé la primera en saludar cuando caminas o pasas por tu calle conduciendo.

❖ Ofrécete a llevar a los hijos de tus vecinas cuando asisten al mismo evento, clase o campamento.

❖ Cuando tus hijos invitan a un amigo a pasar la noche, empaca todas las pertenencias del niño invitado (bolsa de dormir, maletas y zapatos) y déjalas listas junto a la puerta a la hora en que los padres van a recogerlo.

❖ Cuando vas a casa de alguien para que tus hijos jueguen a la hora del almuerzo, ofrécete a llevar tus propios almuerzos o tentempiés. Esto puede aliviar la carga de la mamá anfitriona y elimina el problema de los niños quisquillosos para comer. Puede que ella no lo acepte, ¡pero al menos te has ofrecido!

❖ Recuerda siempre respetar la forma como otras madres hacen las cosas, ¡aunque sea muy diferente de la tuya!

❖ Aprende a escuchar. No interrumpas el relato de otra madre, sino déjala que cuente su historia. Si ella se siente enojada, ¡déjala que se desahogue! El simple hecho de saber que alguien escuchó y se interesó puede ayudar mucho.

Y aquí hay uno más: si tienes dos niños con edades similares y uno recibe una invitación para hacer algo especial (jugar en casa de un amigo, ir a una fiesta de cumpleaños, etc.), no des por sentado que tu otro hijo puede acompañarlos. Hace poco oí acerca de una madre que dejó a su hijo de cuatro años en una fiesta de cumpleaños. Cuando se iba, su hijo de tres años hizo una pataleta porque no podía quedarse, de modo que ella le preguntó a la mamá anfitriona si estaría bien que el hermano se quedara también en la fiesta. Yo le diría ¡ni lo pienses! Nuestros hijos necesitan saber que no siempre pueden asistir a los eventos a los que invitan a sus hermanos , y lo mismo es cierto para cada hijo y sus hermanos.

Las madres que son consideradas y corteses por lo general crían hijos colaboradores y amables, porque con los hijos es más lo que imitan que lo que se les enseña. Cuando interactúas con otras madres, ¡asegúrate de cuidar tus modales porque hay ojitos que te miran!

FAVORES DE AMISTAD

Tener buenas amigas es como tener dinero en el banco. Cuando la vida se complica, ahí están cuando necesitas hacer un retiro. Cuando mi esposo experimentó su crisis de media vida y se fue, tres de mis mejores amigas estuvieron en mi casa a toda hora. Una de ellas no se fue en dos días. Si ella no hubiera puesto comida y agua frente a mí y no me hubiera dicho "come" y "bebe", no habría comido ni bebido nada. Ella me acompañó a una cita de consejería el día siguiente a la partida de mi esposo, y anotó lo que dijo el consejero porque yo no podía parar de llorar.

Estuve aturdida durante varias semanas después que él se fue. Otras amigas trajeron comida, me ayudaron a organizar la llegada de mis hijos a casa, enviaron notas de ánimo, oraron por mí a través de textos, y tocaron a mi puerta para atender toda clase de necesidades.

Nadie espera que se presente una crisis en nuestra familia, pero la vida es dura y a veces sucede lo inesperado. Muerte, divorcio, enfermedad, infidelidad, cáncer... esperamos que estas palabras nunca describan nuestras circunstancias, pero no hay manera de impedir que, de algún modo, nos afecten. Cuando sucede (y no digo "si" sucede), necesitamos amigos que nos ayuden a sobrellevar la carga.

¿Cómo está tu banco de amigos? ¿Es hora de hacer algunas inversiones? La vida tiene sus altibajos y necesitamos de otros para superarlos. La amistad requiere una inversión de tiempo y energía. Hoy es el día para que tú llames a una amiga a quien quieres conocer mejor o en quien quieres invertir en una amistad. Invítala a un café, organiza una salida de chicas, haz algo para invertir en tu banco de amistades. Nunca sabes cuándo necesitarás hacer un retiro.

APLICA EL ANTÍDOTO

Aunque hagas todo correctamente, encontrarás amigas imperfectas. Así es porque todos somos humanos y nadie es perfecto. Por supuesto que tú tampoco lo eres, ¡de modo que, en ocasiones, tú enojarás a tus amigas! ¿Qué hacemos cuando las expectativas no se conforman a la realidad? ¿Cómo podemos mantener a raya la infección de la perfección en nuestras amistades? He aquí algunas estrategias prácticas:

Cambia tus expectativas

¿Aún necesitas ajustes? No estamos rebajando nuestras expectativas sino cambiándolas para que se ajusten a la realidad. Las amigas son parte importante de la vida. No todas las mamás que conozcas se volverán buenas amigas. Las buenas amigas son imperfectas, y se equivocarán, no manejarán algunas situaciones como tú esperas, y olvidarán a veces responder tus mensajes de texto o devolver una llamada. Si esperas imperfección, no te sentirás decepcionada cuando aparezca. También serás una amiga más amorosa y llena de gracia si ajustas tus expectativas a la realidad.

Cultiva la humildad

La humildad viene cuando nos equivocamos, lo admitimos, y pedimos perdón. Ser una amiga humilde nos permite reconocer nuestros errores, rectificarlos, y no permitir que esos errores nos definan.

Si tenemos la tendencia de comparar nuestra realidad interior con la apariencia de otros, es probable que hagamos lo mismo con nuestras amigas. Es fácil sacar conclusiones apresuradas acerca de alguien, pensando que son mejor o peor que nosotras. Es incómodo reconocerlo, pero si prestamos atención a nuestros pensamientos, el orgullo aparece con más frecuencia de lo que queremos admitir. Cuando esa vocecita susurra en nuestra cabeza: "Si ella tan solo _____, entonces su hijo sería_____". "Si ella tan solo _____, su esposo sería _____". Cuando tenemos la respuesta para otras personas, eso es orgullo. La humildad dice: "Yo no sé la respuesta, pero siento tu dolor". También dice: "Yo no lucho con _____,

....

pero definitivamente sí me cuesta _____". El orgullo dice: "Yo tengo las respuestas que necesitas". La humildad dice: "Todavía tengo mucho qué aprender. No lo sé todo".

Cultiva el valor

El temor impide que se resuelvan los problemas en una amistad. Se requiere valor para tener una conversación sincera cuando hay que tratar asuntos en una amistad. Aprende a "preguntar acerca de lo que piensas". Si te sientes incómoda con algo que dijo una amiga, pregúntale al respecto. Si sientes un distanciamiento en tu relación, pregúntale algo como: "¿Estamos bien?". Hace poco tuve una reunión con varias personas en mi casa editorial. Después de la reunión, mi editora me envió un correo electrónico que decía: "Me pareció que nuestra conversación acerca del libro fue un poco tirante. Tal vez fue mi imaginación, pero si hay algo de lo que quieras hablar, solo llámame". Me alegró mucho que ella expresara sus pensamientos. Yo respondí que no me sentía igual respecto al incidente y que estaba bien. Luego ella me contestó con gratitud por la confirmación de que estaba bien. ¡Así funciona el valor!

Vive confiada

La inseguridad dice que no somos dignas del tiempo y la energía de alguien, pero la confianza dice que somos valiosas y que tenemos algo qué aportar a una amistad. La confianza se produce cuando nos definimos como Dios nos ve: perdonadas, amadas, valiosas, y llenas de esperanza y un futuro prometedor. No somos perfectas, pero estamos en el proceso de ser perfeccionadas. En otras palabras, Dios quiere que nos volvamos más como Cristo cada día, todos los días. Lleva contigo la confianza que viene de Dios cada vez que conozcas a alguien. Lleva tu confianza que viene de Dios cuando necesitas tener una conversación franca con una amiga. Lleva tu confianza que viene de Dios cuando la vida da un giro inesperado

. . . .

y una amiga te decepciona. La confianza nos da la fortaleza para mantener la infección de la perfección bajo control y ponerla en su lugar.

Manifiesta gracia en abundancia

Cuando se trata de personas imperfectas, el juicio puede realmente filtrarse en nuestro corazón. Podemos señalar a alguien en lugar de prestar atención a los tres dedos que nos apuntan a nosotras. La gracia sucede cuando permitimos al otro ser humano. Se manifiesta con un acto inmediato de perdón cuando alguien nos lastima. Si nos proponemos sacar el juicio de nuestro corazón, podremos empezar a poner fin a las guerras entre mamás, una mamá a la vez. No habrá más guerras entre madres amas de casa y madres trabajadoras. No habrá más guerras entre madres que amamantan y madres que dan biberón. El amor reinará, la paz prevalecerá, y podremos aprender a animarnos las unas a las otras aun cuando tomamos diferentes decisiones en nuestra vida personal.

Habla con Dios

Dios no nos pide hacer algo que Él mismo no estuvo dispuesto a hacer. Jesús compartió la vida con sus amigos, a quienes la Biblia llama "discípulos". También tenía a sus amigos María, Marta y Lázaro. Pasó tiempo con ellos, los desafió, los animó, comió con ellos, rió con ellos, se enojó con ellos. De hecho, los amigos de Jesús lo decepcionaron en el huerto de Getsemaní. Les pidió que oraran con Él cuando sentía la angustia de una muerte inminente en la cruz. Sus amigos se comprometieron a orar pero, en lugar de eso, se quedaron dormidos (puedes leer la historia en Mateo 26:36-45). ¿Puedes imaginar cuán decepcionado debió sentirse Jesús? ¡Cualquier dificultad que enfrentes con amigos puedes contársela a Dios porque Él también lo ha vivido! ¡Tenemos un amigo que entiende!

....

ACEPTA A TUS AMIGOS, HERMOSOS E IMPERFECTOS

¿Alguna vez has pensado cómo hubiera sido tu vida sin una de tus amigas? Aun si esta es una época "escasa" en amistades para ti, ¿puedes recordar algunas mujeres que han influido en tu vida y te han animado de alguna manera? Dedica un minuto a escribir una nota de agradecimiento a una amiga. Dile lo que aprecias de ella y lo que ha aportado a tu vida.

No existen amigas perfectas, solo madres como nosotras que tratan de hacer su mejor esfuerzo y reconocen que hay más gozo en sobrellevar la vida en conpañía.

CAPÍTULO 7

NO EXISTEN DÍAS *perfectos*

El día que empecé a escribir este capítulo, mi hijo de quince años había pasado la noche anterior en casa de un amigo. Mi esposo estaba en un campamento con amigos, y mi hijo mayor estaba trabajando, así que disfrutaba una mañana de sábado sola en casa.

Había un montón de ventas de garaje en un vecindario cercano, por lo que llamé a mi amiga Crystal y le pregunté si se animaba a una doble tarea: ¡caminar y visitar ventas de garaje al mismo tiempo! Salí en dirección a aquel vecindario y acababa de llegar a mi primera venta de garaje cuando sonó mi teléfono. Era mi hijo de quince años. "Mamá, nos levantamos temprano esta mañana y fuimos a jugar golf con disco volador. Ya terminamos. ¿Puedes venir a recogerme?". Cuando le pregunté dónde estaba, me dijo que estaba en el campo al otro lado de la ciudad. No era a la vuelta de la esquina, como para presionar el botón de pausa y correr a recogerlo. Puesto que mi esposo no estaba, no tenía opción sino dejar a un lado mis planes y hacer mi deber.

Ah, la dicha de la maternidad. No hay días perfectos.

Me gusta decir que la maternidad es el ministerio de la disponibilidad. ¡También podría decirse que es el ministerio de las interrupciones! Enfrentémoslo: la vida con niños es impredecible. Su propensión a vivir "el momento" choca fácilmente con nuestros "planes perfectos". De hecho, cuando llamé a mi amiga Crystal para ver si quería caminar y visitar ventas de garaje, ella estaba en la tienda con su hijo de cuatro años (¡solo uno de sus seis hijos!). Dijo que me buscaría al llegar a casa. Una hora después me llamó y dijo: "Esto tarda más de lo esperado. Hemos ido varias veces al baño, y las necesidades de mi hijo de cuatro años requieren mi atención prioritaria en lugar de mis compras. No creo que alcance a llegar antes del cierre de las ventas de garaje". Así que sus planes perfectos también se fueron al piso.

La maternidad es el ministerio de la disponibilidad.

Aprender a vivir con niños exige grandes ajustes en nuestras expectativas. Tenemos que aprender a esperar lo inesperado, encontrar flexibilidad e incrementar la tolerancia. En lugar de sentirnos frustradas, dejemos de esperar una fantasía y, en lugar de eso, aceptemos la realidad.

ESPERA LO INESPERADO

Después que mis planes de caminar y recorrer ventas de garaje se echaron a perder, me fui a casa a trabajar en este capítulo. Con una agenda totalmente despejada, dediqué el día a escribir. Había escrito durante una hora cuando mi hijo se tiró sobre el sofá desesperado. Tenía a cargo la dirección de la alabanza en la iglesia el día siguiente, y había estado en la sala tocando guitarra y piano para intentar seleccionar las canciones que íbamos a cantar. Asumir esta responsabilidad siempre lo pone muy ansioso. Nuestro director de alabanza en la iglesia percibió la capacidad de liderazgo de Austin y lo estaba entrenando como líder de alabanza. A veces le daba la oportunidad de ser el único líder en la mañana del domingo. Era una gran oportunidad de aprendizaje, pero cuánto sudor, lágrimas y sufrimiento producía siempre.

....

No obstante, ya había pasado por ahí. Sabía que planear la música y las transiciones entre canciones produciría mucho estrés en mi pequeño hombre. De modo que dejé a un lado mi computadora, me senté con él en el sofá, y le ayudé a sortear sus sentimientos durante una media ora. "Ayudar al hijo a manejar sus emociones" no estaba en mi lista de tareas. Cosas como estas nunca lo están. Sin embargo, sabía que este asunto podía surgir en cualquier momento antes del domingo. Yo no podía planearlo con exactitud, pero podía esperar que sucediera.

En esto consiste "esperar lo inesperado". Es prever que tu bebé recién nacido no solo moje su pañal sino también su ropa justo cuando sales de casa para ir a la iglesia. Es prever que tu hijo de dos años tropiece y se lastime la rodilla mientras tú preparas la cena. Es prever que tu hijo de cinco años haga veinticinco preguntas cuando tú solo tienes paciencia para dos. Es prever que tu hija que está en la secundaria llame y quiera pasar la noche en casa de su amiga después de haber pasado allí toda la tarde. Es prever que tu adolescente necesite amor, consuelo, y una conversación cara a cara cuando una decisión o situación repentina se vuelve abrumadora.

Las personas necesitan tiempo. Cuidar de otros requiere tiempo. Las conversaciones exigen tiempo. Estos son elementos ciertos pero muchas veces inesperados de la vida real. Las interrupciones, más conocidas como vida, son el trabajo de la maternidad. No hay manera de evitarlas. Qué se le va a hacer. ¿Por qué entonces nos aturden con tanta frecuencia?

Todo se resume en el afán de tener el control. No hay manera de controlar la vida real, y eso no nos gusta a todos. Queremos tener el control. Queremos que la vida vaya en la dirección que nos gusta. Hacemos un plan, y esperamos equivocadamente que se cumpla. Cuando no sucede como planeamos, terminamos enojadas, frustradas, y aferradas a la ilusión de mantener el control.

En su libro *Let. It. Go.: How to Stop Running the Show and*

....

Start Walking in Faith [El arte de soltar: Cómo dejar de controlar todo y empezar a caminar en fe], Karen Ehman habla de los días imperfectos.

Nuestros mejores planes no siempre se cumplen. Cada semana, si no a diario, enfrentamos retrasos, interrupciones, asuntos de última hora e inconvenientes. Pueden venir por una llamada telefónica, un correo electrónico, o alguien que toca a la puerta.

Alguien tiene una crisis. Te llaman. ¿Y ahora qué? Bueno, ahora la crisis de alguien es de repente la tuya también.

O recibes una llamada de último minuto para reportar un niño enfermo que necesita cuidados o una vecina que sufre y necesita que alguien la escuche. O la lavadora decide sacar la mano y enviarte al otro lado de la ciudad a una lavandería. Entonces tienes que hacer una pausa. Reorganizarte. Incluso cancelar toda la agenda que tú misma has programado. Sí señora. Este atajo que no estaba planeado te tiene furiosa.

No siempre es una interrupción significativa en tu día lo que te causa sufrimiento. Los pequeños tropiezos pueden ser igualmente desalentadores. Un hijo nos hace una pregunta que nos saca de la tarea que nos ocupaba. El jugo se derrama o la sopa se riega, y eso requiere nuestra atención. Un miembro de la familia en otro piso necesita a mamá (no, papá no basta), y esto te desvía y amenaza con frenar tu progreso.

Si, por casualidad, tus mejores planes son interrumpidos o desviados, ¿cómo reaccionas? ¿Elegimos en esos momentos tan delicados ejercer el útil y necesario control que *es menester* buscar, el de nuestra lengua? ¿O la

....

dejamos soltarse y desplegarse a su antojo contra nuestros seres queridos?[1]

En realidad, el control es un espejismo. El único control que podemos tener tú y yo realmente es el autocontrol, y la Biblia dice que es un fruto del Espíritu.

En realidad, el control es un espejismo.

En otras palabras, no podemos tener autocontrol en nuestras fuerzas, sino que debemos dejar que Dios sea el verdadero líder de nuestra vida y quien gobierne nuestro corazón.

Como nos recuerda Karen, podemos planear, pero cuando nuestros planes se frustran, necesitamos autocontrol y guardar nuestra lengua. Podemos trazarnos metas, pero cuando algo las frena, necesitamos autocontrol para mantener a raya el enojo. Podemos idear los detalles de un proyecto, pero cuando no sucede como hemos planeado, necesitamos autocontrol para ajustarnos a los cambios que sean necesarios.

Más importante aún, necesitamos perspectiva que nos guarde de reaccionar mal cuando nuestros planes fracasan. Necesitamos perspectiva para entender que el momento que vivimos es tan importante como el momento que planeamos y que no sucedió como esperábamos. Piensa en esto por un momento. Subráyalo o resáltalo si puedes. Necesitamos aceptar "lo que es" en lugar de "lo que pudo ser". Esto es muy valioso, porque si tú y yo aprendiéramos que el momento que vivimos es tan importante como el que planeamos, podríamos cambiar por completo la manera como interactuamos con nuestras familias.

Cuando no valoramos el momento presente tanto como el que habíamos planeado, nos perderemos ocasiones muy valiosas con nuestros seres queridos. Algunas veces no solo perderemos ocasiones muy valiosas sino que arruinaremos por completo una oportunidad inesperada que se nos presenta.

1. Karen Ehman, *Let. It. Go.: How to Stop Running the Show and Start Walking in Faith* (Grand Rapids: Zondervan, 2012), pp. 136-137.

Un día como estos, cuando mi hijo Evan tenía quince años, él y yo manejamos tres horas para pasar la jornada con mis padres. Evan tenía su licencia de conducir y me pidió que lo dejara manejar las tres horas de regreso a casa. Yo estaba feliz de dejarlo. Unos cuarenta minutos antes de llegar a casa, el auto empezó a dar chasquidos y dejó de funcionar a un lado del camino. Cuando evaluaba el problema, pronto me di cuenta de que nos habíamos quedado sin combustible. Evan estaba estupefacto. No podía creer que no había prestado atención al tanque de gasolina. De inmediato empezó en mi mente la batalla entre estar enojada por la situación en la que nos había puesto o en extenderle gracia porque, al fin de cuentas, todos cometemos errores.

La temperatura exterior era bajo cero, y no había salida a la vista. Una llamada al camión remolcador determinó que la ayuda tardaría alrededor de una hora en llegar. La batalla seguía en mi mente hasta que decidí en mi corazón que mi enojo no serviría de nada. Elegí proceder con amor y gracia. Y luego pasé la hora más preciosa con mi hijo de quince años. Hablamos. Reímos. Hablamos un poco más. El momento que pasamos allí no es algo que yo hubiera planeado. De hecho, estábamos en problemas. Sin embargo, dado que yo mantuve la perspectiva en ese momento espontáneo, se convirtió en una bella oportunidad para fortalecer nuestra relación. Es uno de mis recuerdos más preciados del tiempo compartido con mi hijo en sus años de adolescencia.

Cuando esperamos lo inesperado, disponemos nuestro corazón para enfrentar todo lo que nos sobrevenga. Si nuestros corazones están suaves y flexibles, será más probable que reaccionemos con amor en lugar de frustración.

PROCURA SER FLEXIBLE

¿Por qué creemos que la forma como planeamos las cosas es la manera correcta o la única manera? Digamos que es sábado por la tarde. Has alimentado a tus hijos y te alistas para acostar a tu hija de dos años para una siesta. Por lo general, su rutina de siesta es terminar el almuerzo, leer dos libros, y luego acostarla en la cuna. Hoy ella quiere salir y ver las mariposas. ¿Por qué no ser flexible? ¿Qué tal cinco minutos de mariposas y luego cinco minutos de lectura? O si una noche planeas una salida con tu esposo pero él llega con un terrible dolor de cabeza. Él pregunta si pueden cambiar el plan para quedarse en casa, ordenar comida y ver una película en casa. ¿No podría ser tan valiosa una noche en casa con tu esposo como una salida?

Es martes por la noche. Tu plan es llevar a tu hija adolescente a tomar algo juntas. Mientras preparas la cena, ella te hace confidencias acerca de sus problemas con una amistad en la escuela. No es el mejor momento para hablar de esto. Sería mejor esperar hasta que las dos hayan salido solas. Pero los adolescentes son criaturas emocionales, y no es posible "programar" conversaciones importantes. ¿Por qué no ahora? ¿Por qué no puedes oprimir el botón de pausa, dejar la cena a un lado y atender el corazón de tu hija?

Sí, existe el lado práctico de todos los escenarios. A tu hija de dos años le funciona muy bien seguir una rutina, y tú no quieres echar eso a perder. Sin embargo, ¿un ligero cambio realmente echará a perder toda la rutina? No salir en una cita programada cambia la dinámica del tiempo que pasan juntos, pero de todos modos pueden estar juntos, ¿no es así? Y sí, hay por lo general otras personas en la casa que tienen hambre y esperan su cena. Pero ¿qué tal impartir en los valores familiares la prelación a las personas y no a las tareas? ¿Serían comprensivos los otros miembros de la familia?

La mayoría no crecimos en un ambiente con mucha flexibilidad y sensibilidad hacia los demás. No tenemos un modelo para esta clase de mentalidad, a menos que miremos la vida de Jesucristo. Cuando Jesús vivió en esta tierra, estableció el ejemplo de cómo vivir el ministerio de la interrupción.

En mi libro *Real Moms… Real Jesus* [Mamás reales… Jesús real], doy un vistazo a la experiencia humana de Jesús. Muchas de sus experiencias humanas son como las nuestras como madres, y manejar las interrupciones fue parte de ello. En una ocasión, Jesús estaba de camino de Judea a Samaria. El viaje lo llevó por una ciudad llamada Samaria, donde encontró a una mujer junto al pozo, cuando se detuvo para beber algo y descansar de su travesía. Jesús se dirigía a Galilea con un objetivo claro, pero su viaje fue interrumpido por este encuentro con una mujer samaritana. El relato dice que Jesús estaba cansado del viaje y, a pesar de eso, recibió esta oportunidad y se involucró en esta conversación transformadora con esta mujer.

Hay otra historia en la Biblia acerca de una ocasión en la que Jesús pasó por Jericó de camino a Jerusalén. Había un recolector de impuestos llamado Zaqueo, tan ansioso de ver a Jesús que trepó en un árbol para alcanzar a verlo de lejos. Jesús vio a Zaqueo y le dijo que necesitaban pasar tiempo juntos. Jesús tenía siempre un plan, pero cuando la vida transcurría, Él hacía ajustes.

Para Jesús, el ministerio era la persona que tenía en frente, sin importar si el encuentro era planeado o espontáneo. Nosotras podemos aprender del ejemplo de Jesús. El ministerio para nosotras es la persona que tenemos en frente, aun si no esperábamos que sucedieran las cosas de la forma como vinieron.

Mi flexibilidad ha aumentado a medida que aprendo a dejar que Dios dirija mi vida. De hecho, he llegado a considerar todos estos momentos sin planear no como interrupciones sino como citas divinas. Son momentos que yo no he planeado, pero Dios sí.

En mi segundo día de escribir este capítulo, tenía planes para almorzar después de la iglesia, pero mi esposo, que había estado de campamento con un par de amigos a unos veinte kilómetros de nuestra casa, me pidió ir allí para almorzar. Mis dos adolescentes ya me habían preguntado si podían ir cada uno a casa con un amigo. No era mi plan ir al campamento; de hecho, ni siquiera estaba

....

en el mapa, y no estaba vestida apropiadamente para el lugar. Sin embargo, después de cambiar mis planes y de encontrarme con él en el campamento, pude ver por qué era el plan de Dios. Allí pude "entrar en su mundo" por un rato, y esto nos permitió fortalecer nuestra relación en algo que era importante para él. Pude conversar con sus amigos que todavía estaban en el campamento. Los tres disfrutamos un almuerzo sin prisa y una conversación relajada. Mi esposo me agradeció más adelante por haber cambiado mis planes y haber ido al campamento.

Cuando se trata de ajustar los planes, ¿qué tan flexible eres? Desearía poder decir que me caracterizo por ser flexible. Soy más despreocupada de lo que era antes, pero todavía tengo trabajo por hacer en mi vida. Algunas personalidades son más inclinadas a esto que otras. A una madre creativa y espontánea le puede resultar mucho más fácil que a una madre tipo A de carácter práctico que le gusta tener todo en orden. Sin embargo, sea cual sea tu personalidad, la capacidad de ser flexible se relaciona directamente con la cantidad de actividades que caben en tu día. ¿Cuánto puede hacer en realidad una madre?

ACEPTA EL ESPACIO

Encontré su blog una tarde y de inmediato supe que éramos almas gemelas. A Raquel se le conoce como la "Hands Free Mama" ("Mamá manos libres") en www.handsfreemama.com. Ella es una madre que ha aprendido a crear el espacio para poder amar su vida real. En este aparte de mi blog de mi entrevista con Raquel, puedes ver cómo ha procurado crear un espacio para que la vida real se desarrolle en su casa.

¿Cómo empezó tu iniciativa de "Hands Free"?
Hace casi dos años experimenté lo que yo llamo mi "colapso-avance". Por primera vez respondí con franqueza la

. . . .

pregunta halagadora que me hacían diariamente: "¿Cómo logras hacerlo todo?".

Con dolor admití que podía "hacerlo todo" porque me perdía la parte importante de la vida: jugar, cultivar relaciones, crear recuerdos. Con claridad vi el daño que causaban en mis relaciones, mi salud y mi vida la lista interminable de tareas, un teléfono que sonaba constantemente, y un calendario saturado de actividades.

Apenas reconocí que vivir distraída no era vida en realidad, prometí cambiar. Empecé a dar pequeños pasos para quitar la distracción apartando ciertos momentos del día para estar *totalmente* presente con las personas a quienes amaba.

¿Cuáles son las luchas de las madres con la distracción?
Hay dos tipos de distracción en la sociedad actual que impiden que muchas madres aprovechen "los momentos importantes". Uno es la *distracción externa*, que incluye la tecnología, los aparatos electrónicos, las agendas saturadas, y las listas de tareas interminables. El otro tipo es la *distracción interna*, que incluye la presión del perfeccionismo, compararse con otros, sentimientos de culpa, vergüenza e incompetencia, entre muchos otros.

¿A qué has "renunciado" y pensaste que extrañarías pero en realidad no fue así?
Yo empecé mi iniciativa de "Hands Free" renunciando a algunas de las distracciones pequeñas e inmediatas y luego seguí con actividades y compromisos más grandes que saboteaban mi tiempo, mi atención, mi energía y mi gozo. Creé una declaración de misión en la vida al preguntarme: ¿Cuáles son las cosas más importantes que

. . . .

debo hacer en mi vida? A partir de la breve lista de "obligaciones" que escribí, pude decidir mejor qué actividades y compromisos debía aceptar y cuáles no.

Durante los dos últimos años he reducido al máximo mis compromisos extracurriculares y mis actividades sociales. También he reducido mi círculo de amigas para formar un pequeño grupo de base de mujeres que comparten valores similares y buscan la autenticidad. Ahora puedo decir con franqueza que todo aquello a lo que digo sí es algo que valoro o algo que me apasiona realmente. Ya no me siento resentida ni agotada por tener "demasiado en mi plato".

¿Qué beneficios has recibido de tu iniciativa "Hands Free"?

He disfrutado un sinnúmero de "momentos importantes" que se hubieran perdido trágicamente si hubiera continuado en una vida de distracciones. En esos preciosos momentos he adquirido la capacidad de conocer a mis hijos y a mi esposo. Conozco cada detalle bueno y hermoso de ellos porque pasamos tiempo juntos hablando e interactuando. También he llegado a conocerme y aceptarme. Conozco mis defectos y mis debilidades, pero también mis fortalezas y mis dones.

¿Cómo podrías animar a una madre a empezar su propia experiencia "Hands Free"?

Mi experiencia empezó con un pequeño paso al dejar a un lado las distracciones para abrazar a mi hijo en el sofá. Ese primer paso puede ser tan simple como cerrar tu computadora portátil, dejar la ropa y los platos, apagar el teléfono, o poner la lista de tareas en un cajón. Sencillamente pon a un lado las distracciones y sumérgete en lo que (o quien) realmente importa en tu vida.

Observa su respiración, escucha sus palabras, memoriza su rostro. En esos bellos momentos de interacción, el tiempo se las arregla para detenerse, lo insignificante se desvanece. Ya sea que "te desconectes" por diez minutos o dos horas, experimentarás una sensación abrumadora de paz y de intimidad que no puedes encontrar cuando estás distraída. De inmediato ansiarás sentir esa misma conexión una y otra vez, hasta que se convierte en un hábito en tu vida.

Cuando ves lo que te has perdido, no desearás volver atrás a como era todo antes. Al vivir "Hands Free", tus ojos se abrirán a lo que realmente importa y una vida llena de significado estará a tu alcance.[2]

Raquel ha aprendido algo llamado "margen". Ella ha experimentado lo que significa vivir como una madre con muchas distracciones. Ahora ella vive su vida con el mínimo de distracciones.

¿Alguna vez has pensado en la importancia del espacio en blanco en la página de un libro? Gracias al espacio en blanco entre renglones es posible leer las palabras en negro. Gracias a los márgenes superiores, inferiores y a derecha e izquierda, las palabras están distribuidas para una lectura fácil. No pensamos con frecuencia en los márgenes, pero si no existieran y todas las palabras estuvieran amontonadas en una página, notaríamos de inmediato su ausencia.

Después de leer el libro *Margin* [Margen], de Richard Swenson (NavPress), aprendí que el margen es importante no solo en los diarios, los reportes escolares y los libros impresos. Nuestras vidas necesitan un margen para hallar el equilibrio que todos anhelamos.

2. Entrevista de la autora con Raquel Macy Stafford, "Conoce a la 'Hands Free Mama'", blog de Jill Savage, Mayo 8, 2012, www.jillsavage.org.

....

Sea que nos demos cuenta o no, nuestro cuerpo, nuestras relaciones e incluso nuestras finanzas necesitan espacio en blanco para funcionar a tope. Resulta aún más importante para que una mamá imperfecta viva sus días imperfectos, porque un margen es esencial para manejar los altibajos de la vida cotidiana familiar.

¿Cómo funciona el margen en la vida real? Un margen es tener el ritmo y el espacio en tu día para dejar que haya vida real. Hay demasiadas mamás corriendo a un ritmo que no es solamente perjudicial para la salud sino para las relaciones. Andamos de un lado a otro diciéndonos a nosotras mismas que no hay suficientes horas en el día, cuando en realidad necesitamos desacelerar y disfrutar la jornada tanto como esperamos disfrutar el destino cuando llegamos.

Cuando atiborramos nuestras agendas o la de nuestros hijos, no dejamos suficiente espacio en blanco para las fluctuaciones de la experiencia humana. Cambian los planes, se exaltan las emociones, lloran los niños, duele la cabeza, se pierden las llaves, fracasan las recetas, empiezan las conversaciones, y cambia el clima. Esa es la vida, la vida real. A fin de esperar lo inesperado y mantenerse flexible, necesitamos suficiente tiempo disponible en nuestras agendas para prepararnos para las eventualidades.

En este momento trato de mejorar en esto con mi puntualidad. Nunca he estado muy pendiente del reloj. Aunque esto no importa cuando yo soy la única afectada por mi llegada tarde, sí importa cuando a otros les perjudica mi tardanza. Entonces presto atención al margen realista que necesito para salir a tiempo. Me he dado cuenta de que, por lo general, subestimo el tiempo que necesito para llevar a cabo las tareas que tengo que cumplir antes de salir por la puerta. Sin falta, calculo mal el número de tareas que necesito hacer antes de salir. Cuando mis hijos eran pequeños, recordaba justo cuando salía por la puerta que no había empacado suficientes pañales. Incluso ahora como madre de adolescentes, apenas me alisto para salir recuerdo un permiso escrito que debía firmar o un cheque para enviar a la escuela con uno de mis hijos. Casi siempre tomo las llaves y mi bolso para salir a mi jornada solo para recordar que iba a dejar una carne en la olla de cocimiento lento para la cena. Ya sea que calculo mal mi tiempo o lo que tengo que lograr en cierto tiempo, la falta de margen agrava innecesariamente el estrés en mí y en mi familia.

Entonces, ¿cómo aumentamos el margen y disminuimos las distracciones para manejar más adecuadamente nuestros días imperfectos? Podemos elegir implementar algunas de estas "medidas de protección del margen" para aumentar el espacio blanco en nuestra vida:

Confía en la experiencia

Todos tenemos la tendencia a pensar de manera poco realista. Nos decimos: "Solo necesito diez minutos para llegar a la iglesia. Dado que la reunión empieza a las 10:00, saldremos a las 9:45. Eso nos dará cinco minutos adicionales". La experiencia dice que, cuando has salido a las 9:45, has llegado tarde nueve veces de diez porque no has esperado lo inesperado. Sin importar cuánto lo justifiques en tu mente, la experiencia vence la lógica interna. Ajusta tus planes para salir conforme a la experiencia real.

Establece límites

Los límites son saludables para nosotras y para nuestros hijos. Está bien señalar algunos límites para ti misma, como: "No voy a salir más de una noche a la semana para ayudar como voluntaria en las actividades de la iglesia". También es bueno fijar límites para tus hijos, como: "No vamos a practicar varios deportes a la vez. Tendrán que escoger cuál prefieren". Tengo un compromiso personal de no asistir a fiestas en casa (como las de promociones de productos, etc.). A algunas personas les encantan. En cuanto a mí, no tengo

....

tiempo ni dinero para eso, de modo que no nunca asisto. Este límite también me ayuda a mantener un margen porque parece que me invitan a varias cada mes.

Aprende a decir "no"

No hay manera de mantener un espacio en blanco saludable en nuestra vida a menos que aprendamos a decir no. No podemos hacerlo todo. No podemos complacer a todo el mundo. Aun Jesús sabía cuándo era tiempo de decir no y dejar de enseñar o sanar porque estaba cansado. He aprendido a nunca apresurarme a decir sí. Me tomo veinticuatro horas para pensar, orar, y hablar con mi esposo antes de decir sí. También he aprendido que hay maneras amables de decir no. Prueba algo así: "Gracias por pensar en mí. No podré asistir esta vez". Muchas veces sobran las explicaciones adicionales.

Incrementa el tiempo

Cuando hay niños de por medio, cada actividad requerirá más tiempo de lo que esperas. Incrementa el tiempo que apartas para preparar la cena, porque te interrumpirán varias veces. Aumenta el tiempo que apartas para ir a la tienda de víveres; los niños necesitarán ir al baño, quizá más de una vez. Incrementa el tiempo que crees que te tomará completar un proyecto; las cosas nunca salen como se planean, y alguien va a necesitar tu atención en plena actividad.

Simplifica las actividades

Llena menos tu día. Las necesidades de los niños exigen tiempo. Las relaciones exigen tiempo. Las conversaciones exigen tiempo. Si bien ninguna de nosotras programa estas cosas en nuestra "lista de tareas", son parte importante de nuestro día. Mi amiga Kelly se propuso "abrazar el espacio", que era su manera de recordar el tiempo que exigen las relaciones humanas y la necesidad de poner un espacio de respiro en su agenda diaria.

También necesitamos un margen en otras áreas de nuestra vida.

Las relaciones exigen energía.

Por ejemplo, necesitamos un margen en nuestras finanzas. ¿Hay más días en el mes que dinero? ¿Estás hasta el cuello de deudas? ¿Vives a la espera del siguiente pago? Si tu respuesta es "sí" a alguna de las preguntas anteriores, tal vez ha llegado el momento de aumentar tu margen financiero. Ahorra para el futuro. Espera lo inesperado apartando dinero para pagar los imprevistos cuando vengan. Resiste el afán de gastar cada centavo que tienes. Si no hay margen financiero, esto definitivamente agravará la infección de la perfección en tu vida. Cuando el auto se descompone y no hay ahorros para arreglarlo, tu nivel de estrés se dispara. Cuando tu hijo se enferma y necesita una medicina costosa, te sentirás abrumada por las consecuencias económicas. Los autos se descomponen, los niños se enferman; esa es la realidad. Preveamos este tipo de cosas, preparémonos para ello, y pongamos un margen financiero para manejarlas cuando ocurran.

También necesitamos un margen de energía emocional. Las relaciones exigen energía. Si estamos agotadas emocionalmente, nos arriesgamos a no tener la energía para manejar exitosamente un desacuerdo matrimonial o una dificultad en la maternidad. Cuando existe un margen emocional, aumenta nuestra compasión y empatía, y disminuye la apatía. Descansa, ríe, y enfócate en "ser", no en "hacer", para aumentar el margen emocional que es tan necesario.

Por último, un margen físico es de extrema importancia. ¿Cuánto duermes? ¿Comes alimentos saludables? ¿Te ejercitas con regularidad? Nuestro cuerpo necesita descanso, buena alimentación, y ejercicio periódico para funcionar bien. Acuéstate un poco más temprano, reduce tu consumo de azúcar, y elige las escaleras en lugar del elevador para incrementar tu margen físico. Esto te dará el combustible físico para funcionar al tope.

········

El resultado de una vida sin margen es el estrés. Una vida con margen descubre la belleza del contentamiento, la sencillez, el equilibrio y el descanso. Esa fue motivación suficiente para hacer algunos ajustes en mi estilo de vida que me han permitido mejorar mis relaciones, mi salud, reducir mi estrés y afrontar la realidad de mis días imperfectos.

CUIDADO CON LAS COMPARACIONES

Es fácil mirar a otras mamás y dar por hecho que sus días son más fáciles que los nuestros. Somos duras con nosotras mismas porque conocemos mejor nuestras debilidades. Cuando somos intransigentes con nosotras mismas, podemos fácilmente hacer suposiciones falsas de otras madres y de cómo manejan sus días. Por eso es importante que seamos sinceras al interactuar con otras madres.

Molly lo resume muy bien en un correo electrónico que me envió después de leer mi blog: "Gracias por mostrar siempre la realidad. Con mucha frecuencia veo imágenes de familias grandes y felices y pienso: 'Vaya, apuesto a que ella nunca tiene que quitar manchas de su ropa, ni limpiar mocos que algún pequeño enfermo dejó en su cabello'. Es asombroso cómo las imágenes pueden mostrar algo perfecto cuando en realidad la vida es real para todo el mundo... casas desordenadas, una mamá malhumorada y presumida, niños enfermos, y otras dificultades".

Cuando mostramos el lado real de la vida, ayudamos a que otras madres sepan que son normales. No solo eso, sino que cuando hablamos acerca de nuestras luchas, traemos a nuestra memoria el hecho de que también somos normales. La camaradería se construye con entendimiento, el entendimiento viene de la revelación, y la revelación empieza con la sinceridad. Resiste el impulso de compararte y juzgar que te quedas corta. No hay madres perfectas que viven días perfectos, ¡sino toda clase de madres imperfectas que tratan de manejar de la mejor forma lo que la vida les presenta!

APLICA EL ANTÍDOTO

Es evidente que el tema central de este capítulo ha sido el cambio en nuestras expectativas. Cuando tenemos falsas expectativas de cómo se desarrollará el día, nos disponemos, al igual que a nuestros esposos e hijos, al fracaso. No hay nada peor para un esposo que decepcionar constantemente a su esposa porque no está a la altura de sus expectativas. No hay nada peor para un hijo que decepcionar siempre a su madre. Si no nos damos cuenta de que tenemos falsas expectativas, causaremos sin darnos cuenta pequeñas fracturas en los cimientos de las relaciones más importantes de nuestra vida.

Todos nuestros cuatro antídotos ayudan en cierta medida a afrontar los días imperfectos, pero hay dos que exploraremos aquí en detalle. Ayudémonos a nosotras mismas y a nuestros seres queridos a manejar la vida real de la mejor manera posible con los siguientes cambios:

Deja el orgullo y abraza la humildad

El orgullo mantiene oculta la realidad para que nos veamos mejor de lo que verdaderamente somos. El orgullo mantiene la máscara puesta. No nos ayuda, y no ayuda a otras mamás.

El orgullo también exige, controla. Dice casi todo el tiempo: "Tengo todo arreglado. No se metan en mi camino". Eso sucede cuando por orgullo nos empeñamos en afrontar un día recargado. Si una sola persona se atraviesa en nuestro camino e interfiere con nuestra apretada agenda, el orgullo condena lo que sea o quien sea que se interponga en el camino.

Por otro lado, a la humildad le interesan más las personas que los proyectos. La humildad cuida de otros. La humildad se inclina. La humildad suele decir: "Bien, esto no es lo que planeé, pero confío en que Dios está al mando y no yo". La humildad no tiene nada qué proteger (ni agenda ni reputación), porque entiende que Dios tiene el control y que Él es quien determina nuestro valor.

....

He aquí tres maneras prácticas de abandonar el orgullo y abrazar la humildad en medio de un día imperfecto:

Presta atención a cuánto quieres controlar. Reconoce que el control en realidad es orgullo y falta de confianza. Pide perdón a Dios por no confiar en que Él procura tu bien. Pídele que te ayude a aprender a confiar en sus planes más que en los tuyos. Dale gracias por su perdón y su gracia cuando te equivocas.

Muestra siempre la realidad. Si estás en Facebook, escribe una publicación sincera de algo que no salió como lo habías planeado. No lo arregles. Solo sé franca. Luego pregunta si alguien se siente identificado con eso. No solo recordarás que no estás sola sino que ayudarás a tus amigas a saber que no están solas en sus luchas.

Pide ayuda a Dios. Una madre dijo que el mejor consejo que su madre le dio fue levantarse en la mañana y consagrar su día a Dios. Dile: "Esto es lo que he planeado. Ayúdame a vivirlo con gracia sin importar cómo resulte *en realidad*".

Cambia el juicio por gracia

El juicio arremete contra otros y echa culpas cuando las cosas no salen como se planearon. La gracia observa la situación desde una perspectiva mucho más amplia. Permite a otros ser humanos y espera que la vida sea real. El juicio mira a otros y saca conclusiones acerca de ellos, aun sin tener toda la información. La gracia mira a otros y simplemente ve personas imperfectas que tratan de hacer su mejor esfuerzo. El juicio dice "mi plan, mi manera, y mis esfuerzos son los mejores". La gracia dice "mi plan, mi manera y mis esfuerzos solo son una opción más para el logro de esta meta".

....

He aquí dos estrategias que puedes usar para cambiar el juicio por gracia:

Sé franca contigo misma. Es mucho más fácil ver los defectos en los demás que en nuestro propio corazón. Cuando juzgamos, levantamos un muro entre nosotras y los demás, ¡y somos las únicas que ponemos los ladrillos! Dios nos dice que el juicio le corresponde a Él, no a nosotras. Fíjate cuando miras a otros de forma inconsciente y juzgas su vida, sus acciones o intenciones sin que ellos se percaten de ello. Esto te ayudará a salir de la trampa de sentirte "menos" y de comparar tu realidad interior con la apariencia exterior de otras personas.

Medita en estas preguntas y da una respuesta sincera:

❖ ¿Qué pasaría si en ocasiones resisto el impulso de planear y en lugar de eso disfruto lo que sucede sin importar lo que sea?

❖ ¿Qué pasaría si dejo de mirar al futuro y, en lugar de eso, aprendo a vivir el presente?

❖ ¿Qué pasaría si vivo según mis valores pero rehúso medir la vida conforme a la expectativa de unos resultados específicos?

❖ ¿Qué pasaría si dejo de tratar de controlar a otros y, en lugar de eso, me enfoco en ser amable con ellos?

❖ ¿Qué pasaría si aprendo a aceptar el mundo como es en lugar de sentirme frustrada, estresada o enojada por él, o de tratar de cambiarlo a mi gusto?

❖ ¿Qué pasaría si nunca me decepciono por la manera como resultan las cosas porque nunca espero que suceda algo específico?

❖ ¿Qué pasaría si sencillamente acepto lo que viene?

....

ACEPTA TU DÍA, HERMOSO E IMPERFECTO

¿Has tenido algunas citas con Dios hoy? ¿Puedes percibir los momentos que te dan la oportunidad de aceptar con gusto "lo que es" y renunciar a "lo que no es"? Pide a Dios que te dé un corazón gozoso que valora cada momento que vives, aún si es algo que no has planeado.

No existen días perfectos, solo momentos preciosos que se nos conceden para practicar el ministerio de la disponibilidad.

NO EXISTEN CASAS
perfectas

urante la conferencia de *Hearts at Home* de 2007 empecé mi mensaje central con un vídeo que hacía un recorrido por mi casa. Grabamos el vídeo en un día "normal" del hogar Savage. Me propuse no arreglar ni limpiar para la ocasión. Guié al espectador desde la puerta lateral hacia la cocina, e incluso abrí la puerta del refrigerador para mostrar el desorden que había dentro. Había montones de papeles sobre mi escritorio y ropa doblada que cubría mi cama. El vídeo de tres minutos fue tan poderoso que creo firmemente que si hubiera dejado el escenario sin haber dicho una palabra, el mensaje hubiera sido igualmente eficaz. De hecho, hace poco una madre vio el vídeo en mi blog y dejó este comentario: "He prometido hacer las paces con nuestra casa tal como está y como estará, con los cinco que vivimos allí". Me encanta la frase que escogió: *hacer las paces*. Estamos en el proceso de hacer las paces con la vida real, ¿no es así?

> *Estamos en el proceso de hacer las paces con la vida real.*

Todos hemos visto suficientes espectáculos televisivos, películas y revistas que consciente o inconscientemente comparan el lugar donde vivimos con las imágenes de perfección que vemos en nuestra cabeza. Los niños hacen desorden, y es hora de que comprendamos que el desorden es parte del territorio. Claro, algunas mamás poseen mejores habilidades organizativas que otras, pero la verdad es que todas necesitamos una imagen más precisa en nuestra mente de cómo se ve una casa "normal" con niños.

Por supuesto, cada etapa de la maternidad es única. El desorden infantil abarca diferentes tipos de juguetes y "desorden" según la edad de tus hijos. En la primera infancia, el desorden consiste en sonajeros, libros plásticos, juguetes de colores vivos de todas las formas y tamaños. Los años preescolares están llenos de rompecabezas sencillos, libros de cartón, y juguetes interactivos para aprender figuras, números y colores. Si hay una palabra para describir los juguetes de la etapa escolar es "piezas". Hay cientos de piezas: piezas de rompecabezas, de Legos, zapatos de Barbies, ¡y docenas de piezas creativas diversas que seguramente descubres cuando caminas descalza en la oscuridad! Luego entras en la etapa escolar avanzada, los años previos a la adolescencia, y los años de adolescencia: equipo deportivo, libros de música, medias, paquetes vacíos de patatas fritas, iPods, audífonos, y otras "cosas" que sin cesar les pides recoger y guardar.

Demos un paseo por la casa promedio para tener una idea de cómo es la vida real. Un "recorrido" por nuestra casa nos permitirá determinar lo que es "normal" en cada habitación, de tal modo que todas podamos relajarnos y darnos cuenta de que nuestras casas y nuestras familias son normales. También aprenderemos algunos trucos y estrategias que pueden ayudarnos a manejar la casa imperfecta en la que vivimos.

LA COCINA

La cocina es el corazón de la casa. Es allí donde pasamos la mayor parte de nuestro tiempo con amigos y la familia. Es donde tenemos conversaciones familiares maravillosas y espontáneas. Es donde se comparte la comida y la comunión con amigos y vecinos, ya sea en reuniones planeadas o espontáneas. ¡Es también el lugar donde todos tiran cuanta cosa traen en sus manos al entrar por la puerta!

Todas enfrentamos las mismas luchas con el desorden en la cocina: accesorios de cocina, electrodomésticos, platos sucios, papeles escolares, correo, llaves, notas de permiso, recordatorios de citas, recetas (y he creado esta lista sentándome nada más en mi cocina y documentando todo el desorden que veo). Le pregunté a mis amigas de Facebook y del blog qué había en este momento en sus encimeras, ¡y más de cien mamás respondieron en cuestión de minutos! Algunas de las cosas que añadieron a la lista fueron platos de la cena anterior, abarrotes para ordenar, basura para tirar, y platos en remojo. Luego venían las respuestas verdaderamente sinceras de algunas cosas poco usuales en la cocina como miles de anillas en recipientes, suspensorios, comida y antibióticos para pollos, una pistola de silicona, dos bebés pájaro (¿de veras?), zapatos y medias sucias, y una sustancia pegajosa no identificada.

No obstante, mi respuesta favorita fue esta: una mamá declaró que tenía cien mantis religiosas saliendo de un capullo sobre su mesa. Su hijo había encontrado el capullo afuera y lo había puesto en la cocina, ¡y en cuestión de horas empezaron a eclosionar!

¿Te sientes mejor ahora con lo que hay en tu cocina? Todas luchamos con mantener ese lugar de la casa bajo control. ¡Mantener nuestra cocina en orden es como limpiar la nieve mientras está nevando! ¿Qué podemos hacer?

El primer objetivo es cambiar nuestras expectativas. ¡Es improbable que nuestras cocinas luzcan como las imágenes de las revistas! La gente real no vive en imágenes de revista. Esas fotos han sido manipuladas por diseñadores y fotógrafos, no tomadas en el devenir real de la vida familiar. Una meta saludable es tener suficiente orden para poder encontrar fácilmente las cosas, suficiente limpieza para preparar una comida, y suficiente comodidad para tener acceso a los objetos de uso frecuente. Querer que nuestra cocina se vea perfecta nos convertirá sin duda en la mamá monstruo, ¡y a nadie le gusta estar por ahí cuando ella aparece!

*S*i te cuesta mantener la cocina bajo control (no perfecta, ¡solo funcional!), estas son algunas estrategias comprobadas:

Evalúa tu desorden. Clasifica las cosas que desordenan tu cocina. Por lo general, encontrarás categorías principales como correo, papeles escolares, llaves, facturas, cupones, etc. Asigna un "lugar" a cada categoría principal. Un archivador con etiquetas o un organizador horizontal de escritorio pueden ser lo que necesitas.

Acostúmbrate a poner las cosas en su nuevo "lugar". Invita a tu esposo y a tus hijos a dar un "paseo" por la cocina, explícales dónde deben poner ahora los papeles escolares, el correo, las llaves, etc. Entrénate también para aprender a poner las cosas en su nuevo lugar.

Abre el correo junto al cubo de la basura o de reciclaje. Tira sobres y correo basura tan pronto llega, y pon las facturas y otros papeles en el lugar señalado.

Despeja cada día todos los papeles que hay sobre las encimeras. Esto te ayuda a mantener el caos bajo control.

Guarda todos los electrodomésticos que puedas. Si no usas tu tostadora o licuadora todos los días, y tienes espacio disponible, guárdalas fuera de la vista.

La cocina es el lugar donde vive la familia. Mantén expectativas realistas, aun si decides implementar nuevas estrategias de organización. Recuerda que toda estrategia organizacional siempre deberá enfrentar los desafíos de la vida cotidiana familiar.

EL BAÑO

Al igual que la cocina, el baño es un lugar de mucho tráfico. En la casa de los Savage compartimos por un tiempo el baño principal entre seis personas. ¡Eso significa un montón de cepillos de dientes, cepillos y pasadores para el cabello y desodorantes!

Al igual que en la cocina, el mueble del baño también parece el lugar donde aterrizan los elementos de uso personal: pasta de dientes, líquido de lentes de contacto, enjuague bucal, bolitas de algodón, aplicadores, seda dental, medicinas, pasadores y broches para el cabello. Dependiendo de tu etapa de la maternidad, a esto se le podría añadir juguetes de baño, pañales, crema para la irritación del pañal, y toallas con capucha.

Los baños aguantan el uso y el abuso, en especial cuando es hora del baño o la ducha. Si bien nos gustaría que lucieran perfectos, una expectativa realista es limpiarlos y organizarlos con regularidad para que la familia pueda encontrar allí lo que necesita.

He aquí algunas estrategias comprobadas por madres en el oficio que te ayudarán a mantener el baño en orden:

Usa organizadores en los gabinetes del baño para mantener todos los objetos misceláneos en un lugar donde puedes encontrarlos.

Si no tienes suficiente espacio en los gabinetes, **usa cestos sobre el tocador** para guardar cosas como pasadores y broches para el cabello y hebillas.

Mantén los artículos de limpieza en cada baño para hacer una pasada rápida del lavabo y el mueble.

Elige un día de la semana para limpiar inodoros, tina, ducha, muebles y piso. ¡Esta es una parte de la casa que no puedes descuidar mucho tiempo!

Sé tolerante contigo misma y con tu familia en lo que respecta al baño. ¿Y si eres la única que sabe poner el papel higiénico en el dispensador? ¿Y si el baño parece una zona de catástrofe por tornado cada vez que alguien toma una ducha? Mira a tu alrededor, sonríe, ¡y da gracias a Dios por tu desordenada familia!

LAS HABITACIONES

Le pregunté a mis amigas de Facebook cuáles eran las cosas más raras o desagradables que habían encontrado en la habitación de sus hijos. ¡Vaya respuestas! ¡No creerías lo que me dijeron! Estas son algunas de sus respuestas: montones de mocos pegados en la pared, pequeñas calabazas podridas, caramelos pegajosos adheridos a la alfombra, restos de manzana entre el baúl de los juguetes, bananas podridas, huesos de pollo en el alféizar, ranas muertas, manchas de excremento en la alfombra debajo de la cama, una colección de restos de uñas, una taza de gusanos muertos en el alféizar, pintura de contenido de pañal en la pared, restos de pollo bajo la cama, media rebanada de pastel dura como una piedra, sesenta medias sucias y apestosas, un tazón de salami reseco, tieso y petrificado bajo la cama, una oruga descompuesta en la habitación de una hija (porque esperaba verla convertirse en mariposa), y una colección de mejillones del campamento de la iglesia.

¡Vaya! ¿Te sientes mejor respecto a la condición de la habitación de tu hijo? Nunca he encontrado algo así, pero sí hemos tenido nuestra cuota de recuerdos descompuestos, ropa interior sucia o mojada detrás del clóset, ¡o tazas de plástico con leche fermentada! Mi amiga Kelly descubrió que su hija de tres años había tomado su lápiz labial para "pintar con sus dedos". Luego estampó una enorme huella en la pared de su habitación. Cuando Kelly descubrió la "obra de arte" de su hija, pensó cubrirla con pintura. Pero en lugar de eso dibujó un corazón rosado alrededor y escribió la fecha. ¡Allí permaneció hasta que volvieron a pintar la habitación años después!

Cada mamá tiene sus propios estándares de orden en las habitaciones. Algunas exigen camas tendidas, algún tipo de organización, y ropa en su lugar. Otras deciden que no vale la pena sufrir por eso y cierran la puerta nada más. Yo estoy un poco en el medio. Cuando éramos siete bajo el mismo techo, ¡había mucho desorden tanto dentro como fuera de las habitaciones!

Sí creo que los fundamentos de una vida ordenada se establecen en los años de la crianza. Lo que hacemos como madres no solo sirve para preservar nuestra salud mental sino también es de provecho para nuestros hijos y sus habilidades de administración del hogar. Sin embargo, algunas veces puede ser una dura batalla, especialmente cuando los niños crecen y tienen más actividades fuera de casa, y hay de por medio voluntades firmes y personalidades obstinadas.

Puesto que tengo la ventaja de tener tanto hijos mayores como dos adolescentes en casa, déjame decirte que tuve muchos conflictos con mis tres hijos mayores acerca del estado de sus habitaciones. Ahora ellos tienen sus propios hogares, y cuidan muy bien de sus casas. ¡Hay esperanza! Cuando te enfadas con tus hijos por el desorden de sus habitaciones, recuerda que en parte se debe a la inmadurez, la personalidad, el mal manejo del tiempo, o que simplemente no les importa. Tener esto en cuenta nos da una perspectiva equilibrada.

Niños y desorden van de la mano. Sus "cosas" son importantes para ellos. Es parte de lo que son y de lo han de ser. Sin embargo, también debemos hacer las paces con la realidad de que la perfección no existe. De hecho, esperarla es perjudicial para tu relación con tus hijos.

¿Tiendes o no la cama? Esta es una pregunta de preferencia personal. No hay respuesta correcta o incorrecta. Si decides que esto es importante, puedes empezar por enseñarles desde los años preescolares. De hecho, ¡hay una forma divertida de hacerlo! Cuando se

········

levantan en la mañana, enséñales a halar la sábana hasta el mentón. Luego la manta, la colcha o el cubrecama. Después, enséñales a salir de su cama sin desordenar las mantas que acaban de halar. Por lo general les parecerá un reto divertido. Al salir de la cama, muéstrales cómo estirar cada lado y cómo poner la almohada encima. ¡Y listo!

¡No se te ocurra arreglar la cama de tu hijo que no está tendida a la perfección! Afirma lo que ha hecho y déjala como está. Esto les da un sentimiento de logro. Cuando imponemos nuestro deseo de perfección a nuestros hijos, los desalentamos para siquiera intentarlo porque sienten que nunca estarán a la altura del requerimiento. No hay nada peor para un niño que sentir que para su mamá él "nunca es lo suficientemente bueno".

¿Y qué de los juguetes, papeles escolares, y otros artículos de la habitación? ¿Tienen cada uno "su lugar"? ¿Sabe tu hijo cuál es ese "lugar"? Puedes usar cestas para ordenar juguetes fácilmente. Una caja para papeles escolares especiales puede ser de utilidad (solo para papeles especiales que valga la pena guardar, no para *cada* papel escolar; ¡asegúrate de que tus hijos sepan que pueden tirar la mayoría de sus papeles escolares!) Una caja de zapatos para baratijas varias que no corresponden a ninguna categoría también puede ser útil. Tan pronto la caja se llena, tienen que sacar algo antes de poner algo nuevo dentro.

¿Con cuánta frecuencia limpias y organizas las habitaciones? Esto también es cuestión de gusto personal. A algunas nos molesta más el desorden que a otras. Cuando los niños eran pequeños, recogíamos juguetes cada noche. Cantábamos la canción de ordenar cada noche mientras recogíamos juntos todos los juguetes tanto en las habitaciones como en otros lugares de la casa. Ahora que mis hijos son adolescentes ordenamos las habitaciones cada sábado. Les mando cambiar las

Tu manera de hacer las cosas es la mejor para ti y para tu familia.

sábanas, limpiar el polvo, ordenar, recoger la ropa, y aspirar. De cuando en vez lo hacemos cada dos semanas. Aparte de eso, es poco lo que comento acerca de sus habitaciones, sin importar cómo estén. Esto funciona para mí. Lo importante es encontrar lo que funciona mejor para ti.

No te compares conmigo, ni con tu mejor amiga o tu vecina. Evalúa realmente lo que es importante para *ti*, y luego dirige a tu familia conforme a eso. Ten la confianza de que tu manera de hacerlo será la apropiada para ti y para tu familia.

LA ROPA SUCIA

¡Ah, las dichas de lavar la ropa sucia! Siempre está en mi lista de tareas, ¡y apuesto que también está en la tuya! ¡Si tan solo mi familia entendiera el valor de andar sin ropa unos días! ¡Eso ayudaría mucho a mi sentido de realización!

Nuestra familia ha vivido en seis casas diferentes a lo largo de los años. He lavado la ropa en lavanderías, en un complejo de apartamentos con lavadoras compartidas, en un cuarto sin terminar en un sótano, y en una zona en medio del pasillo en el piso superior de nuestra casa actual. Nunca he tenido una habitación especial para lavar la ropa con un lugar específico para doblarla, de modo que mi "mesa para doblar ropa" siempre ha sido la cama de nuestra alcoba principal.

Pareciera que la ropa sucia estuviera repartida por toda la casa. Hay cestos de ropa sucia para clasificar, montones de ropa lavada y lista para doblar, y la ropa doblada que hay que ordenar. ¡De ahí la sensación de nunca haber terminado!

He aquí una confesión cierta. ¡Al escribir esta sección recordé la carga de ropa que había puesto ayer en la lavadora y que olvidé poner en la secadora! Así que dejé la computadora para correr escaleras abajo, sacar la ropa de la lavadora y ponerla en la secadora. Sí, ¡no hay casas perfectas ni madres perfectas!

¿**N**ecesitas algunos consejos prácticos para manejar mejor la ropa? *Prueba algunos de los siguientes, sugerencias de madres que están en el oficio:*

Programa un temporizador de cocina cuando pones una carga de ropa en la lavadora o la secadora. Esto te recordará cuando esté lista para que vayas a cargar la secadora o a doblar la ropa seca. (¡Debí aplicar este consejo ayer!).

Aprovecha el tiempo de doblar la ropa como un tiempo de oración. Ora por cada miembro de la familia conforme doblas su ropa.

Mantén un frasco atomizador en la zona de lavandería para rociar la ropa que se arruga en caso de que se deje en la secadora mucho tiempo (¡incluso varios días!) Rocía la ropa dentro de la secadora, pon a funcionar la máquina cinco o diez minutos ¡y luego dóblala!

Invita a tus hijos mayores y en edad escolar a ayudar con la ropa tanto como sea posible. ¡Ellos se ponen la ropa, de modo que pueden ayudar a cuidarla!

OTRAS HABITACIONES

Todas vivimos en casas diferentes. Además de la cocina, los baños y las habitaciones, algunas tenemos una sala, una sala familiar, un cuarto de recreación, y un comedor. ¡Otras tenemos un solo cuarto que sirve para todo lo anterior! Sin importar el tamaño de tu casa, estas zonas son de uso común para toda la familia. También suelen ser las "más vistas" de la casa.

No hay casas perfectas, de modo que tienes que decidir qué grado de orden y limpieza funcionan para tu familia. No permitas que lo decidan las carátulas de las revistas. No dejes que el nivel de orden y limpieza de tu vecina determinen tu deseo. No dejes que mis historias determinen ese nivel. Aprender las estrategias que otras personas han implementado y oír cómo otras madres organizan sus casas puede ayudarte a decidir lo que mejor te funciona. Sin embargo, no dejes que sus normas determinen las tuyas. Toma nota de ideas e inspiración en tu comunidad, pero resiste la tentación de compararte con otras en la apariencia de tu casa.

Yo soy por naturaleza "desordenada". Con gran facilidad acumulo montones de cosas y postergo la limpieza y el orden. Sin embargo, empiezo a darme cuenta de que esa tendencia natural me causa mucho estrés. He querido encontrar un justo medio, y lo he hecho a partir de ideas que he tomado de mi amiga y vecina Crystal. Nunca seré tan organizada como Crystal, ¡pero *puedo* aprender sus estrategias! Ella no es una mejor madre porque sea más organizada y todo en su casa tenga un sentido "estético". Y yo no soy una mejor madre porque tolere algunas cosas que ella no soportaría. Somos dos personas distintas que amamos igualmente a nuestras familias. Tenemos diferentes estilos de organización, diferentes preferencias decorativas y conocimientos, diferentes edades y etapas de los hijos, y diferentes estilos de vida en cierto sentido. Esas diferencias funcionan como complemento mutuo, ¡no como una competencia entre las dos! Necesitamos aprender de otras madres, pero no debemos compararnos con ellas.

Hace varios años aprendí la expresión *lista para recibir visita*. Alguien me dijo que tenía dos habitaciones en la casa (la cocina y la sala) que ella procuraba junto con su familia mantener siempre listas para recibir compañía. Son las dos habitaciones que con mayor probabilidad ella usaba para conversar con la vecina que pasaba de improviso, o hablar brevemente con la madre de uno de los amigos de los hijos cuando venía a recogerlo. Tener esos cuartos listos para recibir visita (por lo general en orden y acogedores dentro de lo razonable), la libraba del estrés cuando alguien llegaba de improviso. Ella no tenía que disculparse por el estado de su casa y se sentía

. . . .

a gusto recibiendo a alguien. En realidad me agradó la idea y la adapté a nuestra familia. ¡Cómo ayudó para lograr convencer a mi familia! Ahora entendían por qué yo quería las cosas en orden. No solo eso, sino que, cuando yo decía "alistemos la casa para recibir visita", ellos ya sabían a qué me refería.

A otras mamás no les molesta que la casa no se vea "lista". Cuando llega alguien de forma inesperada, lo invitan a seguir y no se preocupan por la casa, o sencillamente dicen: "Aquí vivimos, déjame quitar un par de cosas para que puedas sentarte". Ambos estilos de manejar los lugares públicos de la casa son aceptables. Lo que sea que te resulte más cómodo está bien para ti, ¡aun si es diferente del estilo de otras madres!

¡YO QUIERO SU CASA!

Cuando Anne tenía seis años, Evan cuatro y Erica estaba recién nacida, vivíamos en un condominio de casas de alquiler con dos habitaciones. Tener dos niños en una habitación era posible, pero añadir una cuna a una habitación que ya estaba repleta era una locura. Lo menos que quería era que la bebé despertara a los otros niños, ¡pues no podían volver a dormirse después! ¡En verdad pensé que enloquecería!

Varios amigos nuestros, que también había vivido en alquiler, habían empezado a comprar casas. Mark acababa de graduarse de la universidad bíblica y estábamos pagando sus préstamos educativos en lugar de ahorrar para una casa. Yo me sentía muy desanimada. Yo solo quería lo que todo el mundo parecía tener: nuestro propio patio, espacio vital, una cocina más grande que una estampilla, un garaje, ¡y un lugar al cual llamar propio!

¿Por qué siempre deseamos lo que no tenemos o no necesitamos? ¿Por qué no podemos sencillamente contentarnos con lo que tenemos? Creo que tiene que ver con el juego de la comparación.

....

Cuando vemos la casa de alguien y la nuestra parece no dar la talla, nos sentimos insatisfechas. La codicia nos enceguece a todo lo que ya tenemos.

He aquí algo para considerar: tampoco nos comparamos justamente. Queremos la casa, pero ¿queremos también pagar la hipoteca? ¿Y encargarnos del mantenimiento de un patio más grande? ¿Y de los impuestos?

Estoy agradecida porque en su momento pudimos comprar nuestra primera casa, y varios años después pudimos mudarnos a la granja en el campo donde vivimos ahora. Pero en retrospectiva, ahora sé que la pequeña casa en el condominio ofrecía más de lo que podía ver en aquel entonces:

Un alquiler justo sin impuestos. Esto nada más contribuyó en gran medida a que yo pudiera quedarme en casa con mis hijos en esta etapa de nuestra vida.

Salida trasera a un parque para que mis hijos tuvieran un lugar para jugar, sin que yo tuviera que podar el césped.

Ausencia de gastos de mantenimiento. Si algo se dañaba, llamábamos al dueño de la propiedad.

Espacio limitado para limpiar. Nuestra área era suficiente para mantener con tres niños pequeños.

Una excelente ubicación central cerca de nuestra iglesia.

Buenos vecinos.

¿Vives en una casa móvil, en un apartamento, en una casa pequeña o incluso en el sótano de tus suegros? ¿Qué beneficios te ofrece tu vivienda actual? ¿Cómo puedes aceptar las condiciones reales de tu vida en lugar de desear algo diferente?

·········

No hay nada de malo en tener aspiraciones o metas por las cuales quieres trabajar. Solo asegúrate de hacer lo correcto para tu familia y tus finanzas, y de hacerlo por los motivos correctos.

UNA CASA HERMOSA

Ministrar de tiempo completo en la iglesia durante más de veinte años me ha permitido visitar cientos de casas de muchas personas. También me ha pasado que me comparo y siento celos de lo que otros tienen y yo no. Sin embargo, he visto algunas familias con grandes comodidades y relaciones vacías y disfuncionales. También he visto familias con dificultades financieras que gozan de relaciones familiares saludables, ricas y profundas.

No es el tamaño, el estilo, la decoración y la elegancia de una casa lo que realmente importa. Es lo que sucede dentro de la casa lo que cuenta. La casa no hace a la familia. Es la familia lo que convierte la casa en un hogar.

¿Quieres una casa hermosa? Claro, cuida del espacio físico que tienes. Cuídalo, límpialo de vez en cuando, y mantenlo organizado para encontrar lo que buscas. No obstante, más que nada, debes enfocarte en las personas que viven dentro de esos muros. Cuando vas a la esencia de todo, son esas relaciones imperfectas pero valiosas lo que verdaderamente embellece una casa.

CAMBIA TUS EXPECTATIVAS

Estamos buscando expectativas realistas, no inferiores. Las personas que viven en un espacio hacen desorden. Dejan cosas tiradas, ensucian. Las casas se llenan de desorden, mugre y caos. Esa es la vida real.

Cuídate de esperar la perfección de tu familia en lo que respecta a la condición de tu casa. Algunas noches está bien tirar nuestra ropa en una silla en lugar de colgarla. A veces la condición de nuestra vivienda debe ajustarse a las exigencias y altibajos de la vida. Por ejemplo, cuando escribo un libro, dejo que mi escritorio tenga más desorden de lo que acostumbro. No desempolvo mi habitación por casi un mes y sí, podría escribir a mi esposo una carta de amor en la superficie de la cómoda. Mis expectativas cambian porque mi realidad cambia. Tú también puedes hacerlo. Cuando tu calendario está repleto, se suma un nuevo bebé a la familia, empiezas un trabajo por fuera de la casa, o atiendes una emergencia de salud de algún miembro de la familia, sé más tolerante y cambia tus expectativas, ya sea tus expectativas del orden de tu casa o tus expectativas acerca de cómo lograr llevar a cabo el cuidado del hogar. Podrías mantener todo bajo control en el día a día, pero si llega una visita o la agenda está repleta, podrías necesitar pedir ayuda a tu familia con algunas tareas que no acostumbras hacer.

Cambia tus expectativas para conformarlas a tu realidad. Te harás un gran favor a ti misma. No solo eso, sino que tu familia te lo agradecerá porque disminuirá el estrés en tu hogar.

APLICA EL ANTÍDOTO

Nuestras posesiones materiales pueden traer orgullo, temor, inseguridad, y juicio. Cuando cambies tus expectativas, examina tu corazón a fin de hacer las paces con el estado de tu casa.

Cambia el orgullo por humildad

El orgullo tiene mucho que ver con nuestras apariencias, y eso incluye nuestra casa. Procura ser humilde con las siguientes estrategias:

Convoca una fiesta con el tema de ¡Las mamás no tienen que ser perfectas! Cuéntale a las madres invitadas lo que no harás (no limpiaré mi casa, ni arreglaré mi jardín, ni pegaré el papel de colgadura del baño para esta fiesta.

Aun así, ¡estoy segura de que pasaremos una noche muy divertida!) Entonces cumple lo prometido y trae a algunas mujeres a tu casa imperfecta.

Pide a Dios que te revele en qué aspectos se infiltra el orgullo en tu corazón en lo que respecta al cuidado de tu casa. ¿Te sientes "menos que" o "mejor que" alguien por el vecindario en el que vives? ¿Por el tamaño de tu casa? ¿Por la condición de tu patio? Pide a Dios que te ayude a ser agradecida por lo que tienes y a resistir el impulso de definirte positiva o negativamente según la casa donde vives.

Cambia el temor por valor

No te dé miedo invitar a alguien a tu casa imperfecta. ¡Recuerda que los platos sobre la mesa harán sentir mejor a tu invitada respecto a los que ella tiene sobre la suya! Aumenta tu valor con las siguientes estrategias:

Fija una fecha en el calendario para invitar a una amiga. Si no te sientes cómoda con atenderla dentro de la casa, invítala a sentarse en el sol mientras los niños juegan con la regadera. Yo invito a mis amigas a sentarse en el cobertizo y a disfrutar un vaso de té helado en el verano. ¡Es la compañía lo que cuenta!

Cuán limpio esté el piso de tu cocina no es lo que te define.

Abstente de hacer algo que acostumbras para atender visitas. ¿Qué es lo peor que podría pasar si no limpias el piso de la cocina antes de la visita de tu suegra? Aun si ella hace un comentario al respecto, ¿podrías reaccionar de tal modo que ella comprenda tu esfuerzo por tener expectativas realistas y tu deseo de dar más importancia a las personas que a las tareas?

· · · · · · · ·

Cambia la inseguridad por confianza

El tamaño o el estado de tu casa no te definen. El vecindario donde vives no te definen. Cuán limpio esté el piso de tu cocina no es lo que te define. No permitas que la ausencia o el estado de las cosas materiales te causen inseguridad. Aumenta tu confianza con las siguientes estrategias:

Crea un diario o una caja de notas de agradecimiento. Escribe en un diario las bendiciones en tu vida. Cuando quieras quejarte, pregúntale a Dios: "¿Qué aspecto positivo tiene mi situación?" (por ejemplo, mira aquella lista de las bendiciones de vivir en una pequeña casa de condominio). Una caja de los recuerdos es una caja o cofre que exhibes en un lugar especial en la casa. Dentro de la caja pones algún objeto o recordatorio visual de algo por lo cual estás agradecida. Cuando aumentamos nuestra gratitud, mantenemos nuestro corazón suave y moldeable para que Dios haga su mejor obra. Primera de Timoteo 4:4 nos recuerda la importancia de la gratitud: "Todo lo que Dios ha creado es bueno, y nada es despreciable si se recibe con acción de gracias".

Recuerda tu valor a los ojos de Dios. El estado de tu casa cambia cada día. Si hay pequeños en casa, ¡es probable que su condición cambie cada minuto! No permitas que las circunstancias cambiantes te definan; deja que el Dios que no cambia te defina. Dios dice que Él nunca te dejará ni abandonará (Dt. 31:6). Aun si tus platos no están limpios y tus zapatos se pegan al piso de la cocina, ¡el amor de Dios por ti nunca cambiará!

Cambia el juicio por gracia

Casi siempre que necesitamos cambiar el juicio por la gracia tiene que ver con la manera como vemos y juzgamos a otras personas.

Sin embargo, en esta ocasión, la persona a la cual debes dejar de juzgar es a ti misma. La mayoría de las madres son muy duras consigo mismas en lo tocante a sus casas. Si eres una de aquellas madres que sienten que todas las demás manejan mejor sus casas, puedes aumentar la gracia hacia ti misma con las siguientes estrategias:

Presta atención a los mensajes en tu mente. ¿Qué te dices a ti misma respecto a tu casa? ¿Cuáles son las afirmaciones críticas que solo tú puedes oír y que se repiten sin cesar en tu cabeza? Nuestros pensamientos interiores determinan cómo nos sentimos con nosotras mismas, y muchas veces pueden ser muy destructivos. Cuando un pensamiento de juicio aparezca en tu mente, cámbialo por uno de gracia. Por ejemplo, si piensas: *Soy un fracaso como mamá; ¿por qué no puedo mantener mi cocina limpia?*, cámbialo por algo así como: *Es difícil mantener la cocina arreglada porque es el centro de nuestra casa. Hoy voy a ser tolerante conmigo misma porque he elegido aplicar en mi vida el principio de que las personas son más importantes que los proyectos.*

Mira el vídeo llamado "recorrido por la casa de Jill" en nomoreperfectmoms.com (solo en inglés). ¡Anímate al ver otra casa imperfecta donde se vive intensamente!

ACEPTA TU CASA, HERMOSA E IMPERFECTA

¿Has pensado alguna vez en la casa que tienes comparada con lo que tienen otras mamás en países en desarrollo? ¿Has pensado alguna vez en cómo sería vivir en una choza de barro y dormir sobre una estera en el piso? ¿Has agradecido hoy a Dios por tener agua corriente limpia y las tuberías que tú y tu familia disfrutan? Si duermes en una cama y tienes una manta para abrigarte, tienes más de lo que tienen muchas madres en este mundo.

No existen casas perfectas, solo lugares imperfectos, a veces desordenados, donde nuestras familias pueden vivir juntas y amarse.

CAPÍTULO 9

NO EXISTE ADMINISTRACIÓN DEL HOGAR *perfecta*

*L*a secundaria de Evan tenía un "almuerzo abierto" que le permitía a los alumnos salir del edificio escolar para comer su almuerzo en casa o en un restaurante. Un día en particular trajo a un amigo a casa para almorzar, y me preguntó si tenía emparedados de queso fundido para ellos. Como de costumbre, yo hacía veinte actividades simultáneas diferentes: lavar ropa, escribir correos electrónicos, sostener conversaciones telefónicas, y más. Había tomado nota de la hora y sabía que necesitaba empezar a preparar los emparedados. Le puse mantequilla al pan, la rebanada de queso, y los puse en el tostador. Entonces sonó el teléfono. Me quedé junto a la estufa y hablé con la persona que llamaba, pero luego me descuidé y me alejé mientras conversaba. Nunca vi llegar el auto de Evan. Se estacionó en el garaje y tan pronto salió del auto pudo oler los emparedados quemados. "Oh, no —anunció a su amigo—. Mi mamá ha *vuelto a* quemar los emparedados de queso".

En efecto. La perfección echada por la ventana.

....

COMIDAS

Todas lo hemos hecho. Teníamos planes perfectos para una comida y la receta no salió bien, o no le dimos suficiente tiempo, o nos faltó destreza culinaria, o nos distrajimos con un niño que lloraba, o tratábamos de hacer demasiadas cosas a la vez.

La comida es necesaria para vivir. Necesitamos comer con regularidad, de modo que cocinar está siempre en la "lista de tareas" de una madre. Está el desayuno, luego un tentempié a media mañana, luego el almuerzo, luego el tentempié de la tarde, luego la cena, y antes de acostarnos algunas organizamos un tentempié. ¡Servir todas esas comidas parece en sí mismo un trabajo de tiempo completo!

Sin embargo, comer no es la única faceta de la comida. También es conexión. Muchas conversaciones suceden en torno a la mesa. Hay risa cuando se cuentan historias graciosas. Se brinda ánimo frente a los desafíos. Sentarse a cenar en la mesa nos permite en ocasiones descubrir lo que hay en el corazón y en la mente de los miembros de la familia que son tan valiosos para nosotras. Incluso cuando mi hijo trajo a su amigo a casa para almorzar, en realidad para mí lo importante no era la comida sino la fracción de tiempo que pude compartir con él en la mitad de su jornada escolar. (Sí, ¡tiré los emparedados quemados y les preparé otros que fueran comestibles!).

Gracias a la televisión por cable y a la Internet, las ideas de cocina están más disponibles para la persona promedio que en el pasado. Esas son buenas noticias para quienes necesitamos mejorar nuestras habilidades culinarias básicas. Sin embargo, esto también resucita el eterno desafío: la tentación de compararse.

No miro con frecuencia el canal de Food Network, pero de vez en cuando veo un programa. Y lo confieso, cuando veo mis favoritos, empiezo de inmediato las comparaciones. *¿Cómo es posible que ella prepare todas esas delicias y siga tan delgada como un palillo?*

....

Sí, tal como lo ves. Es un programa que enseña a preparar comida deliciosa, ¡y yo estoy hablando de imagen corporal! ¡Uf! ¡Siempre luchamos con la infección de la perfección!

Aun cuando miramos los programas para aprender, inconscientemente comparamos a veces nuestra vida con el programa. Pensamos cosas como: *Si yo tuviera esa cocina, también podría hacer esa comida. O ¡cuánto desearía tener una procesadora de alimentos!* O *¿por qué no me enseñó mi madre a cocinar?* O *¿por qué lo hacen ver tan fácil cuando a mí me parece tan difícil?* Comparamos nuestros desafíos reales con su "imagen perfecta" de comidas preparadas en treinta minutos.

Pintemos una imagen realista de lo que sucede en esos programas de cocina: hay alguien que pica las verduras. Alguien mide todos los ingredientes y los pone en recipientes pequeños. Alguien prepara toda la receta de antemano para que el chef pueda mostrar cómo armar el plato, lo pone en el horno o empieza a cocinarlo en la estufa y luego ¡listo! ¡Preparan un plato perfecto y terminado! ¡Vaya! ¡Si tan solo fuera tan fácil como lo muestran en la televisión!

Nunca he visto un programa que muestre a una mamá cargando a un bebé para tratar de calmarlo mientras prepara una salsa. Nunca he visto un programa de cocina donde el chef tenga un niño pequeño aferrado a su pierna mientras prepara un apetitoso estofado. Nunca he visto un programa de cocina donde el chef sirva la comida a sus adolescentes malhumorados que parecieran no tener nada bueno qué decir. Si bien esos programas son excelentes para tomar ideas y aprender, debemos cuidarnos de que nos lleven a sentirnos que no damos la talla. Tenemos que tener cuidado otra vez con nuestra tendencia a compararnos y a terminar deseando tener más.

¿Qué debe hacer una madre ocupada? A mí me gusta hornear pero, para ser sincera, no me gusta cocinar. Me parece que es mucho trabajo que se va por un tubo, literalmente. Por supuesto

. . . .

que mi familia necesita comer y yo también, así que la preparación de las comidas es algo que tiene que hacerse.

Sin embargo, tengo que ser fiel a lo que soy, y tú también. Tenemos que darnos cierta gracia, trabajar dentro de los límites de nuestra capacidad y deseo, y tener expectativas realistas de lo que podemos y no podemos hacer. Por un lado, conozco a una mamá trabajadora que no prepara ninguna comida en casa. Ella no se disculpa por esto. De hecho, es un límite que ella ha establecido para mantener el equilibrio en su vida como madre trabajadora. No puede hacer todo para todos. Esto le funciona a ella porque comparte una casa con familia extendida y su mamá se encarga de la preparación de las comidas. Por lo general, la familia entera cena junta en la noche. Cuando su mamá no cocina, comen por fuera.

No nos juzguemos las unas a las otras, y no nos juzguemos a nosotras mismas.

Conozco a otra mamá que llevaba a su familia a cenar por fuera siempre, aunque no por la misma razón. Esta mamá no sabía cocinar en absoluto. Su mamá tampoco cocinó, y ella nunca aprendió a hacerlo. Pero ella no estaba satisfecha, así que decidió hacer algo al respecto. Pidió ayuda, buscó instrucción en línea, y decidió cambiar las cosas en su casa.

Un ama de casa a la que conozco prepara casi todas las comidas de su familia. Solo comen por fuera en ocasiones especiales como cumpleaños. Su presupuesto limitado no les permite comer fuera, de modo que ella cuida el presupuesto y siente que cocinar en casa es en realidad una forma de "ganar" dinero para su familia.

Como puedes ver, hay mamás a todo lo largo del espectro de la "normalidad" en la preparación de las comidas. No nos juzguemos las unas a las otras, y no nos juzguemos a nosotras mismas. Descubramos lo que es mejor para nosotras y para nuestras familias, apliquemos nuestras estrategias, y disfrutemos juntos nuestras comidas imperfectas pero hermosas, tanto como podamos.

· · · · · · · ·

No hay comidas perfectas, sino maneras de reestructurar el proceso de preparación. Para minimizar el estrés que supone cocinar, prueba algunas de las estrategias de las madres en el oficio:

Prepara en grandes cantidades. Sofríe la carne molida de res o de pavo cuando la traes del supermercado. Luego congélala en recipientes listos para alguna preparación. Esto facilita armar una cazuela o preparar un chile con carne. ¿Le gusta a tu familia la comida mejicana? Anda y sazona la carne preparada antes de congelarla. ¿Les gusta poner salchicha a los huevos revueltos, la pizza hecha en casa, los quiches, los pastelitos o la salsa de salchicha? Sofríe un poco de salchicha y congélala preparada para que sea fácil añadirla a una de tus recetas favoritas.

Usa la olla de cocción lenta. Lo único que requiere la olla de cocción lenta es tener un plan en mente (¡lo cual es difícil para muchas de nosotras!). Lo mejor es que puedes "alistarla y olvidarla". ¡Ese sí es mi estilo para cocinar! ¿Necesitas ideas? ¡Echa un vistazo a las recetas que se encuentran en Internet!

Sé original. ¿Desayuno en la cena? ¡Es uno de nuestros favoritos en el hogar de los Savage! ¿Cereal para la cena? Es bastante nutritivo para el desayuno, ¡y también funciona para el almuerzo!

Usa verduras frescas. En lugar de cocinar una verdura, prepara una ensalada. Una ensalada es una alternativa saludable que es fácil de preparar. Dale un toque divertido con aderezos como frutos secos, semillas de girasol o almendras rebanadas que adornan una ensalada. ¡También puedes añadir fruta a una ensalada! Manzanas en cubos, cascos de mandarina y fresas no solo son nutritivas sino un delicioso complemento para una ensalada.

continúa en la página siguiente...

... continúa de la página anterior

Crea un plan mensual de comidas. Programa treinta días de comidas que son del agrado de tu familia. Luego usa el plan mensual de comidas como referencia para cada mes. ¡No necesitas pensar otra vez en lo mismo!

Permite que otros miembros de la familia participen en las responsabilidades de la cocina. Si a tu esposo le gusta cocinar, ¡permítele compartir el amor! Si tienes un adolescente, dale la oportunidad de cocinar con frecuencia para fortalecer esta habilidad útil para la vida.

DECORACIÓN

Hace unos años, una amiga y yo pasamos el día enrollando trozos de plástico y sumergiéndolos en pintura para patinar las paredes de mis escaleras y el pasillo. El acabado es hermoso, y solo pagué $15 por la envoltura de plástico y la pintura. Pintar no es mi actividad predilecta, pero el resultado final valió la pena. No solo eso, sino que la apariencia jaspeada en mis paredes oculta perfectamente las marcas que dejan las manos.

No se me ocurren muchas ideas creativas en lo tocante a la decoración. ¡Pero cualquier día puedo "tomar" una buena idea! Claro que puedo jugar el juego de la comparación y terminar sintiéndome como un fracaso en el área de la "decoración del hogar". Sin embargo, también puedo darme cuenta de que Dios ha dado el don de la creatividad para decorar a otras personas que la pueden compartir conmigo.

Hay días en los que el juego de la comparación ataca, y difícilmente me doy cuenta de que estoy en el camino de la condenación hasta que peleo de frente con las mentiras. Como aquel día cuando mi amiga Crystal me comentó acerca de la pizarra de anuncios que había diseñado para la habitación de su hija. Antes de darme cuenta de lo que sucedía, pensé dentro de mí: *Por supuesto que tú lo lograste. Hace más de un año tengo unas fotografías que he querido colgar en nuestra sala de juegos. ¿Lo he hecho? No, para nada. ¿Por qué tú sí puedes terminar esa clase de proyectos? Tienes cuatro niños pequeños en casa y yo solo tengo dos adolescentes. Yo también debería poder hacer eso. ¡Soy una perdedora!*

¡Las conversaciones negativas con nosotras mismas se filtran en nuestro corazón y en nuestra mente! Algunas hemos funcionado así por tanto tiempo que difícilmente lo vemos como un problema. Es un viejo amigo. Estamos tan acostumbradas a ello que invitamos a la vocecita a entrar y le servimos la cena, en lugar de reconocerla como un enemigo y echarla a la calle donde pertenece.

Si yo hubiera usado el logro de Crystal como una motivación para hacer mi proyecto, habría sido de provecho. Su idea me habría traído convicción y un sentido de rendición de cuentas. Habría sido un agradable recordatorio para darle prioridad a ese proyecto. En lugar de eso, utilicé su logro para comparar mi realidad interior con su logro exterior. Fue una comparación injusta que trajo más bien condenación a mi corazón.

Eso no siempre ha sucedido. Recuerdo cuando mi amiga Shawn me invitó a ver la decoración de la habitación de su hijo preescolar. ¡Me asombró la sencillez y creatividad con que lo hizo! Shawn se propuso decorar la habitación de Natán como una selva. Ella pensó en toda clase de animales que pintó en las paredes: un león, un tigre, un elefante, y un mono. Shawn buscó algunas imágenes de los animales que tenía en mente. Después de convertir las imágenes en transparencias (un servicio que ofrecen las tiendas para maestros o las imprentas), y usó un retroproyector para proyectar las imágenes en las paredes de la habitación. El siguiente paso consistió en calcar las figuras con un lápiz. Después de eso, pintó las figuras y añadió los detalles usando las imágenes como plantilla. El trabajo final dejaba ver las figuras de los animales que iban de techo a piso, y una habitación muy original. ¡El proyecto de Shawn me animó a ser creativa!

Rita, mi amiga y antigua vecina también tiene un don para la decoración. Su pasatiempo es transformar muebles viejos que casi siempre alguien ha desechado, y darles nueva vida. He visto cómo toma camas de hierro, sillas viejas y mesas de desecho y las transforma en muebles útiles. Con la gran variedad de pinturas y de materiales para hacer efectos, esta clase de proyectos está al alcance de casi cualquier persona. Ver los proyectos de Rita me ha animado a buscar la potencialidad en algo que pareciera haber cumplido su ciclo de vida. Gracias a Rita ahora uso un viejo baúl que heredé de mi abuela para almacenar las mantas en nuestra sala familiar.

Cuando se trata de decorar, tenemos que cuidarnos de la tentación de compararnos. La casa de cada familia es única. No queremos una copia de la casa de otros, sino una que funcione para nosotros y para nuestra familia en particular. Ya sea que la decoración te resulte fácil o no, usa con sabiduría la inspiración, resiste el impulso de comparar, y haz solo aquello que sea conveniente para ti y para tu familia.

HOSPITALIDAD

La hospitalidad es un término que se asocia, por lo general, con el trato que damos a los huéspedes en nuestra casa. Me gusta ampliar el concepto al trato que damos a nuestros amigos y familiares tanto dentro como fuera de nuestra casa. La hospitalidad es nuestra oportunidad para personificar a Jesús ante aquellos que nos rodean.

Debemos ser cuidadosas con el concepto de hospitalidad porque pueden existir falsas expectativas. Ya sea que hospedemos a la familia extendida para el día de acción de gracias o acojamos a los amigos de nuestros hijos en casa, nuestras expectativas pueden ser tan elevadas que solo podemos ver nuestras faltas.

La historia del "emparedado de queso quemado" parece un

intento fallido de hospitalidad. Podría verlo de esa manera. Pero rehúso hacerlo. Después de tirar los emparedados quemados y de preparar otros, me senté con Evan y su amigo en la mesa y tuvimos una grandiosa conversación. Definitivamente no todo salió perfecto, pero fuimos hospitalarios. Tampoco eché a perder la oportunidad de mostrar hospitalidad en el futuro, y hubo muchas ocasiones en las que Evan pidió almorzar en casa y yo logré preparar bien la comida en el primer intento.

Con demasiada frecuencia nos convencemos de que la hospitalidad no es para nosotras porque tememos no dar la talla. ¿Cuál talla? Esa "imagen perfecta" esquiva que tenemos en nuestra mente de cómo debería verse nuestra casa, qué clase de comida tenemos que servir, o incluso cómo queremos que se comporten nuestros hijos. Una mamá lo expresó de esta manera: "No invito gente a mi casa porque no la mantengo como las imágenes de la revista *Better Homes and Gardens*. Soy muy desordenada y tenemos demasiadas cosas. Todo parece estar en su sitio en las casas de otras mamás, ¡pero nunca en la mía!".

Cuando pregunté a mis amigas de Facebook qué les impedía invitar a alguien a su casa, las respuestas sinceras fueron abrumadoras: "Mi casa no es apropiada", "No soy buena cocinera", "Mi casa y mis pertenencias no están a la altura", "Temo que la gente no se divertirá", "Temo que dirán no y me rechazarán". Una mamá lo expresó en la siguiente ecuación: "Todo tiene que estar perfecto para recibir a alguien + nunca es perfecto = nunca invito a nadie". Vaya ¡muchas de nosotras tenemos miedos relacionados con la hospitalidad! Dejamos que nuestros miedos nos controlen y que nuestras expectativas nos paralicen, lo cual nos mantiene aisladas y desconectadas de las relaciones que más necesitamos.

Me encantó escuchar algunas respuestas desde el otro ángulo. Una mamá dio ánimo con sus palabras: "He elegido tres comidas que preparo muy bien en grandes cantidades, y es lo que hago

....

siempre. Vuélvete buena en un par de platos y solo cambia los acompañamientos". Heather dijo: "¡Todo el tiempo tenemos invitados! Encuentros para tomar café, noches de palomitas de maíz, panqueques (¡tuve a dieciséis en casa, hicimos panqueques y la pasamos increíble!), noches de juegos... abre tu corazón y tu casa y te darás cuenta de que a las personas les importa menos las apariencias!". Incluso mi hija Erica dijo: "Cuando mi esposo ofreció nuestra casa como lugar de reunión para nuestro pequeño semanal, me aterró la idea de tener personas en casa cada semana. Pensé que nuestros muebles comprados en ventas de garaje les parecerían viejos e incómodos. Pero vencí el temor y ahora, después de dos meses, me he dado cuenta de que nadie se ha quejado porque nuestra casa no sea perfecta o el sofá sea incómodo. Nuestro grupo está creciendo, ¡y nuestras amistades también!".

He aprendido a tener siempre en mi congelador carne y pan para hacer hamburguesas. Esa es mi comida usual para "visitantes". Asamos las hamburguesas (¡directo del congelador!), abro un paquete de patatas fritas, caliento un poco de frijoles al horno (si tengo) o zanahorias pequeñas. No es nada elegante, pero nos permite servir una comida y conversar mientras comemos en la terraza

Simplifica.
Simplifica.
Simplifica.

en el verano. Si tengo más energía, horneo unos brownies de caja como postre. ¡Pero también he tenido visitantes y no les he servido postre! Simplifica. Simplifica. Simplifica.

Al mismo tiempo, hay muchas ocasiones en las que me gustaría invitar a alguien pero no tengo la energía. O no quiero hacer el esfuerzo. O me he vuelto tan cómoda en mi "nido casi vacío" que no quiero cambiar mi rutina cómoda y predecible.

Voy a arriesgarme o incluso a incomodarte un poco. ¿No son en realidad nuestra reticencia a ser hospitalarias o nuestros temores que nos controlan un acto egoísta? ¿Nos importa más lo que sentimos que lo que otras personas sienten cuando somos hospitalarias?

·······

Una mamá me contó: "Acabo de recibir una invitación por primera vez de alguien a quien apenas conozco, y me sentí tan agradecida y honrada. Su sola invitación bastó para hacerme sentir especial".

¿Podríamos abrirnos a la hospitalidad pensando en cómo se sentiría la persona invitada en lugar de preocuparnos por nosotras? ¿Podemos esforzarnos por enfrentar nuestros temores y ampliar nuestra red de amigos? ¿Qué opinas si empezamos con el pequeño gesto de invitar a alguien para que los niños jueguen en el patio y compartir una limonada? ¿O quizás invitar a otra mamá para tener un día de campo en un parque? ¡Eso también es hospitalidad! No siempre tiene que ser en la casa; ¡la hospitalidad es una extensión de nuestro corazón!

En su libro A *Life That Says Welcome* [Una vida de puertas abiertas], Karen Ehman nos recuerda que "tener invitados a comer se enfoca en ti y en cómo puedes impresionar a otros. Ser hospitalario pone el acento en los demás y se enfoca en suplir sus necesidades físicas y espirituales para que se sientan renovados, no impresionados, cuando salen de tu casa".[1] ¡Me encanta como lo expresa Karen! Le quita importancia al anfitrión y la da al huésped. ¡De eso se trata la hospitalidad!

CAMBIA TUS EXPECTATIVAS

Es hora de ser más flexibles en nuestra labor de amas de casa. Las comidas reales son a veces improvisadas. Las casas reales se decoran con dibujos de Crayola pintados por niños de dos años. La hospitalidad real puede ser un simple esfuerzo por vivir una vida que dice: "¡Bienvenidos!".

No se trata de rebajar nuestras expectativas sino de cambiarlas por algo realista. Ahora mismo soy la anfitriona de un estudio bíblico los jueves en la noche. El grupo se reúne a las 7:00, y muchas veces mi cocina es un desastre a las 6:30. A veces el grupo llega

1. Karen Ehman, A *Life That Says Welcome* (Grand Rapids: Revell, 2006), p. 18.

cuando los platos sucios están en el fregadero, los limpios que hay que ordenar en el escurridor, y hay montones de papeles en la mesa. Mi meta es "ordenar" lo suficiente para que alguien pueda sentarse cómodamente, tomar una taza de té, y conversar un rato hasta que pasamos a la sala o la terraza. Tan pronto se organiza el desorden, limpio las encimeras para que nadie se unte de algo pegajoso, ¡y lo considero hecho! Antes esperaba perfección, y casi mataba a mi familia y a mí misma por buscar esa meta inalcanzable. Ahora espero una "realidad organizada" y descubro que tener invitados en casa es mucho menos estresante.

APLICA EL ANTÍDOTO

Preparar comidas, decorar y brindar hospitalidad son parte de la labor de amas de casa. También son áreas donde abunda la infección de la perfección y nos impide ser todo lo que Dios quiere para nosotras. No obstante, hay esperanza y se puede avanzar. Si aplicamos los antídotos a nuestros desafíos cotidianos, podemos deshacernos de esta horrible enfermedad y encontrar la libertad en la autenticidad anhelada.

Cambia el temor por valor

El temor nos impide hacer algo diferente. Nos paraliza. Nos impide crecer, aprender, y servir a otros. Si el temor te paraliza en la cocina, empieza a hacer algo al respecto. Mira el canal Food Network. Hojea una revista de cocina. Pregunta a tus amigas de Facebook su receta favorita de plato fuerte.

Si el miedo te impide hacer algo para renovar la decoración de tu casa, pide ayuda. Tengo varias amigas que decoran muy bien sus casas. Cuando quiero hacer algún cambio en una habitación, me armo de valor para pedirles ayuda y preguntar: "¿Qué puedo cambiar en esta habitación con los recursos que ya tengo?". ¡Una mirada fresca puede descubrir muchas ideas! Si la decoración no es algo que te interese y es el desorden lo que te molesta, ¡tienes que empezar por alguna parte! Mis hijos solían bromear: "¿Cómo te comes un elefante?". La respuesta es: "Un mordisco a la vez". Lo mismo puede decirse de arreglar el desorden. ¡Escoge una habitación, una esquina o incluso una pila de papeles a la vez! ¡Sé valiente y desecha el temor!

Si tomar la iniciativa social es lo que te paraliza de miedo, da un primer paso invitando a una mamá a un lugar fuera de tu casa. Conquista tu temor al rechazo y extiende una mano amistosa. Si ella dice no, invita a alguien más. Resiste el impulso de tomar la negativa a título personal; tal vez la agenda de esa mamá no le permita sacar tiempo para la actividad que le has propuesto. Si en realidad quieres encontrar el valor y sentirte capacitada para abrir tu corazón y tu casa, compra un ejemplar del libro de Karen Ehman, *A Life That Says Welcome* [Una vida de puertas abiertas]. Esto cambiará tu perspectiva y te dará el valor para abrir tu corazón y tu casa a otros.

Cambia la inseguridad por confianza

Las mujeres tienden a sentirse más inseguras con respecto a la imagen corporal y la imagen de su casa. Todas luchamos en cierta medida con la inseguridad en nuestra labor como amas de casa. Otras mujeres son mejores cocineras que nosotras. Otras mamás tienen mejor gusto para la decoración. Otras mujeres parecen más interesantes que nosotras. Las mentiras que nos hemos repetido durante años son bien conocidas.

¡Somos nuestras peores críticas!

Fíjate en el término que he utilizado para describir el paso de la inseguridad a la confianza: *cambio*. No cambiamos la inseguridad por la confianza en un área de nuestra vida de la noche a la mañana. Es un progreso que supone tomar riesgos, sentimientos de éxito (¡esto no estuvo nada mal!), tomar otro riesgo, experimentar un retroceso cuando las cosas no salen como esperamos (y esa es la realidad, ¿no?), y asumir un nuevo riesgo. Estos pequeños pasos hacia el valor ayudan a avanzar de la inseguridad hacia la confianza. En palabras de la escritora y conferencista Tammy Maltby sobre el tema de la hospitalidad: "Simplemente empieza, y empieza por algo sencillo".

Cambia el juicio por gracia

Enfrentémoslo: ¡somos nuestras peores críticas! Sin embargo, la mayoría de nosotras no lo considera como un juicio personal. Por lo general, pensamos que juzgar es algo que hacemos a otros. Pero si vamos a erradicar la infección de la perfección de nuestros hogares, tenemos que pasar del juicio a la gracia y dejar de criticarnos a nosotras mismas.

Lo que dices y piensas de ti misma se convierte en lo que sientes. Lo que sientes se convierte en lo que crees. Sin embargo, tus pensamientos y sentimientos no siempre nos dicen la verdad. Los siguientes pasos te ayudarán a progresar en extender la gracia a ti misma:

Desarrolla la consciencia de ti misma. Ser consciente de la voz negativa en tu mente es el primer paso para silenciar tu crítica interior. ¿Qué dice la voz negativa?

Cambia cada declaración con una pregunta que motive. Si tu voz interior crítica dice: "¡Nunca seré buena cocinera!", conviértela en la pregunta: "¿Cómo puedo volverme buena cocinera?". Si tu voz que juzga dice: "No eres buena conversadora; será un desastre invitar a alguien", cámbiala por: "Qué puedo hacer para ser una mejor conversadora? ¿Qué preguntas puedo hacer para tener una conversación exitosa?".

Acepta la gracia de Dios como un regalo. ¡No tienes que ganarla! Acepta su gracia, su amor por ti a pesar de tus fallas humanas, y luego extiende esa gracia a ti misma. Acepta tus fallas. Recibe con agrado las oportunidades para crecer. Disfruta la libertad que existe en una vida auténtica.

Da pequeños pasos. Un pequeño paso sumado a otro pequeño paso te moverá poco a poco de tu inseguridad a la confianza en el arte de la administración del hogar.

ACEPTA TU LABOR DE AMA DE CASA, HERMOSA E IMPERFECTA

June Cleaver no existe. Nunca ha existido. La actriz de *Leave it to Beaver* [Déjalo a Beaver] también tenía que llegar a casa y encontrar platos sucios en el fregadero, e inodoros para limpiar. También tenía que pensar en algo para la cena y decorar su casa con recursos limitados.

No hay amas de casa perfectas, solo mamás reales que buscan lo mejor para sus familias y que se esfuerzan por crear un hogar acogedor y favorable para aquellos a quienes ama.

CAPÍTULO 10

UN DIOS *perfecto*

¡Qué gran aventura hemos vivido! Espero que hayas llegado a comprender, así como yo, que las falsas expectativas acerca de nuestra vida real e imperfecta nos traen desilusión si no somos conscientes de ellas. También hemos visto el daño que causa la comparación en nuestro corazón y en nuestra mente. Hemos descubierto que no estamos solas en los asuntos de la vida real y que está bien hablar con sinceridad de nuestras dificultades. Hemos explorado la realidad de la infección de la perfección y cuán generalizada está en nuestra cultura y en nuestras propias relaciones. También hemos aprendido acerca de los antídotos que pueden ayudarnos a erradicar este mal terrible.

Aunque hemos invertido mucho tiempo desarticulando el perfeccionismo y desarraigando falsas expectativas, hay otro aspecto de esta expedición que debemos explorar antes de considerar el tema concluido. Debemos entender que las imperfecciones de nuestra vida se compensan con la realidad de un Dios perfecto que anhela hacer brillar su luz a través de las grietas de nuestra vida.

Nuestras vidas imperfectas se compensan con la realidad de un Dios perfecto.

....

177

Con Dios podemos permitirnos tener grandes expectativas. Así como renunciamos a las falsas expectativas que nos meten en líos, podemos volvernos a la expectativa que nunca nos fallará. Una expectativa es la evidencia de que esperamos algo, que aspiramos a algo. ¡Podemos esperar con toda seguridad que Dios obre y que haga algo!

No podemos ser padres perfectos, pero podemos actuar en asociación con un Dios perfecto. Hay paz, esperanza y expectativa en esa declaración. Veamos lo que este Dios perfecto ofrece a madres como tú y como yo, a veces cansadas, casi siempre abrumadas, y siempre imperfectas.

EL AMOR PERFECTO DE DIOS

Amor. Es una palabra que se dice fácilmente en el lenguaje cotidiano. Decimos cosas como "¡Amo esa película!" o "¡Amo el helado de chocolate!" o "Cuánto amaría conocerte mejor". Sin embargo, el uso de la palabra amor en estas declaraciones no se aproxima en absoluto a la manera como Dios nos ama. Su amor es perfecto porque es inmutable e incondicional. Aun en nuestro mejor momento, distamos mucho de llegar a amar como Dios ama.

El amor de Dios es inmutable. Nada podemos hacer para que nos ame más, y nada podemos hacer que lo lleve a amarnos menos. Eso es realmente difícil de entender para la mayoría de nosotras, porque no hemos sido amadas de ese modo. Los sentimientos humanos complican las manifestaciones de amor. Alguna vez has dicho: "Lo amo, pero en este momento no me lo aguanto". Sé que he dicho esto de mi esposo o de alguno de mis hijos en algún momento.

¡Adivina! Dios nunca dice esto de ti o de mí. Él nunca diría eso sin importar lo que hayamos hecho, porque su amor es perfecto. Sus sentimientos hacia nosotras no son diferentes cuando hemos tenido un buen día como mamás o cuando hemos cometido errores terribles con nuestros hijos. Su amor sencillamente no cambia.

¡Hay otra gran noticia! El amor de Dios también es incondicio-

....

nal. Dios no pone condiciones que nos exijan "ganar" su amor. Él no dice: "Oye, Jill, si no gritas a tus hijos hoy, te daré mi amor. Pero si gritas a tus hijos, te dejaré a tu suerte y no te mostraré mi amor hoy". Dios nos ama a ti y a mí sin importar que tengamos un buen o un mal día como madres. Esto no es una excusa para hacer lo malo. En un esfuerzo por proteger nuestros corazones y los de nuestro esposo e hijos, Dios quiere sin duda que tomemos las decisiones correctas. Pero si nos equivocamos, podemos confiar en que Dios seguirá rodeándonos con su amor, nos ofrecerá su perdón, y nos dará una segunda oportunidad. Él no nos negará su amor.

El amor incondicional sigue constante a pesar de las circunstancias. Cree lo mejor y ve al ser amado por lo que esa persona puede ser, y no por lo que es en el presente. La mayoría de las veces el amor es inmerecido. Por eso el amor de Dios por nosotros es perfecto.

LA FORTALEZA PERFECTA DE DIOS

La debilidad se considera culturalmente como un defecto. A menudo se le considera una falla. Con demasiada frecuencia creemos que si somos débiles en un área de nuestra vida, estamos en desventaja.

Sin embargo, la economía de Dios es diferente. Contrario al punto de vista del mundo, Dios considera la debilidad como una oportunidad positiva. ¡Él la celebra! ¡Hace fiesta! ¡Nos da una palmada en la espalda cuando confesamos nuestras debilidades! ¿Por qué? Porque solo cuando reconocemos nuestras debilidades, podemos darnos cuenta de nuestra necesidad de la fortaleza de Dios.

Cuando tratamos de desarraigar la infección de la perfección de nuestra vida, necesitamos con desesperación la fortaleza de Dios. Somos incapaces en nuestras fuerzas de cambiar el orgullo por humildad, el temor por valor, la inseguridad por confianza, y el juicio por gracia. Dios nos dice: "Te basta con mi gracia, pues mi poder se perfecciona en la debilidad" (2 Co. 12:9).

¡Amo esa verdad! Su poder se perfecciona en nuestra debilidad.

....

Esa sí es la perfección que tú y yo podemos en verdad desear. Esa perfección no es perjudicial para nosotras ni para nuestras relaciones. Cuando Dios vive en nuestro corazón, Él anhela tomar el timón de nuestra vida. Su Espíritu anhela morar en nosotras para perfeccionarnos en nuestra semejanza de Él. Cuando yo permito que la fortaleza de Dios venza mi debilidad, hay un poco más de Dios en mí y un poco menos de mí. Eso es bueno. Juan 3:30 lo confirma: "A él le toca crecer, y a mí menguar".

Filipenses 4:13 declara una verdad útil para aplicar este concepto a la vida diaria: "Todo lo puedo en Cristo que me fortalece". Veamos una situación que ocurrió hace más de veinte años en mi vida. Cuando era nueva en la ciudad y no conocía a nadie, puse en práctica esta verdad que me ayudó a aplicar el antídoto del valor.

Me sentía terriblemente sola. Era madre de dos niños de dos y cuatro años en una ciudad nueva. Necesitaba desesperadamente encontrar amigas. Dado que soy introvertida, tomar la iniciativa para buscar amistades es algo que me causa temor, pero yo intenté pasar del temor al valor. Hablé con Dios al respecto: *Señor, realmente necesito amigas. Tú sabes cuántos temores tengo en esa área, pero también sabes que quiero mejorar. Quiero hacer algo respecto a mi soledad. Tu Palabra me dice que todo lo puedo en ti porque me das la fortaleza que necesito. Dame tu fortaleza y alienta mi valor cuando haga esta llamada para invitar a una mamá a tomar un café.*

Cuando en nuestra debilidad pedimos a Dios fortaleza, realmente vemos que Dios empieza a obrar. Él nunca se impone en nuestra vida. Espera con paciencia hasta que pedimos su ayuda. Así que decidí tomar el teléfono, aunque estaba aterrorizada de hacer esa llamada. Cuando ella contestó, me identifiqué (nos habíamos conocido en la guardería de la iglesia la semana anterior) y la invité. Ella declinó la invitación porque no podía. Tenía muchos compromisos en su agenda y no podía añadir otro en ese momento.

¡Rechazo! Dios me había dado el valor para contactar a alguien

¡y me rechazaron en el primer intento! Sin embargo, estaba decidida a no desanimarme. Había conocido a otra mamá ese mismo día. Habíamos intercambiado números telefónicos, y decidí llamarla. Esa llamada fue diferente. A ella le emocionó la oportunidad de salir de casa una noche. Nos encontramos para tomar café, y nació una amistad. No nos volvimos las mejores amigas, pero ella empezó a presentarme otras madres de la iglesia. Lenta pero decididamente forjé nuevas amistades en nuestra iglesia y comunidad.

¿Necesitas fortaleza? ¿Pasar del temor al valor o de la inseguridad a la confianza? Pide a Dios su fortaleza perfecta. ¡Su poder se perfecciona en nuestra debilidad!

LA IDENTIDAD PERFECTA DE DIOS

Gracias a Facebook este es el primer libro que escribo en el que he contado con un grupo de madres que me envían retroalimentación inmediata de mis preguntas e ideas. ¡He descubierto que Facebook es el grupo de madres más grande en el mundo! Cuando escribía el capítulo sobre la hospitalidad, hice la siguiente pregunta: ¿Rehúyes en ocasiones brindar hospitalidad (ya sea invitando a otra madre o familia para comer juntas, etc.)? Si es así, ¿cuáles son los temores o luchas que te frenan?

¡Vaya! ¡En cuestión de minutos recibí más de cincuenta respuestas! La mayoría de las madres contaron con sinceridad que rara vez, o nunca, invitaban a alguien. La razón principal era el temor a que alguien criticara duramente su casa o no las considerara buena compañía.

Una amiga que echó un vistazo a todas las respuestas comentó: "Vaya, ¿no es increíble cómo tantas luchamos con el temor del hombre?". Nunca lo había pensado en esos términos, pero ella tiene razón. ¡Tememos lo que otros piensen de nosotras! Si somos sinceras, eso sucede porque permitimos que otras personas nos definan.

Demasiadas veces nos preocupa más lo que opinan los demás

que la opinión de Dios. Estamos atrapadas en esta clase de razonamiento. ¿Puedes ver cómo has caído en alguna de estas trampas?

Comportamiento exterior postizo. Por impresionar a otros tratamos de ser lo que en realidad no somos.

Idolatría. Cuando nos importa más lo que la gente piensa, en realidad empezamos a adorar a las personas (las tenemos en mayor estima que a Dios mismo). Nuestro afán por recibir aprobación convierte a las personas en ídolos.

Timidez. Cuando nos preocupa lo que la gente piensa, somos menos propensas a asumir riesgos y a esforzarnos por miedo a ser avergonzadas.

Hipocresía. Cuando tememos la reacción de alguien a nuestras respuestas sinceras, al final preferimos ser hipócritas por causa de aquello que intentamos ocultar.

Soledad. Si tenemos miedo siempre de lo que la gente va a pensar, preferimos no lanzarnos a buscar amistades. Así terminaremos solas y viviendo una vida sin la belleza de la comunidad.

Es importante respetar a otros pero no temerles. Es importante honrar a otros pero no adorarlos. Solo Dios es digno de ser temido y adorado. Confundimos el papel que juega Dios en nuestra vida cuando dependemos de que la gente nos apruebe, defina y acepte. Solo Dios nos da una identidad inmutable y perfecta.

Podemos abrazar nuestra identidad perfecta cuando logramos vernos a través de los ojos de Dios. Por eso es tan importante leer la Biblia. La Biblia es la voz de Dios, y necesitamos profundamente su voz para acallar las voces de este mundo.

Dios no nos obliga a tener una relación con Él. Dios extiende

su mano y anhela que la tomemos. Tan pronto tú tomas la mano de
Dios, tu nueva identidad se instaura: eres perdonada, eres protegida,
eres una vencedora, eres liberada, eres un ser en crecimiento, estás
segura, puedes tener paz ¡y mucho más! Pasa al Apéndice A para
descubrir más acerca de tu identidad completa. ¡Eso es quien eres
a los ojos de Dios!

La mejor parte de esta identidad es que nunca cambia. Si tienes
un mal día, Dios no te ve diferente. Si cometes un error, el punto
de vista de Dios no cambia. Si te sientes mal contigo misma, puedes
saber con certeza que Dios no se siente igual. Si alguien dice algo
malo acerca de ti, Dios no lo cree.

¿Estás cansada de que te definan las circunstancias que cambian
constantemente? ¿Estás cansada de temer siempre lo que piensan
los demás? La identidad de Dios te dará el descanso necesario del
temor al qué dirán, y la paz perfecta que anhelas.

LA ESPERANZA PERFECTA DE DIOS

Esperanza. En un mundo lleno de relaciones y circunstancias fuera
de nuestro control y en el que a menudo nos sentimos tan desespe-
ranzadas, todas anhelamos esperanza.

Usamos la palabra *esperanza* en nuestro lenguaje cotidiano: espero
que llueva esta noche, espero que se comporte bien con la niñera,
espero que él consiga un empleo. Sin embargo, esa no es la clase de
esperanza que Dios nos ofrece. Su esperanza es muchísimo más.

La Biblia fue escrita originalmente en griego y en hebreo. Estos
idiomas tienen palabras más descriptivas que algunas lenguas
modernas. De hecho, hay varias palabras griegas y hebreas que se
traducen en una sola palabra, la que conocemos como *esperanza*.
En el Antiguo Testamento, la palabra *esperanza* tiene una raíz
hebrea que significa "confianza". Este es el fundamento del Salmo
33:22: "Que tu gran amor, Señor, nos acompañe, tal como lo esperamos de ti". Incluso en este versículo podemos sustituir la palabra

confianza por la palabra *esperamos* y ver cómo ilustra aún más la manera como el amor de Dios nos da seguridad.

En otro pasaje del Antiguo Testamento, la palabra hebrea *towcheleth* significa "expectativa". La encontramos en el Salmo 39:7: "Y ahora, Señor, ¿qué esperanza me queda? ¡Mi esperanza he puesto en ti!". De modo que *esperanza* significa confianza y expectativa, aunque eso no es todo.

En el Nuevo Testamento vemos otra palabra de la que se deriva el término *esperanza*. Es la palabra griega *elpis*, que significa "esperar o prever algo con deleite". Vemos esta clase de esperanza en Tito 2:13: "mientras aguardamos la bendita esperanza, es decir, la gloriosa venida de nuestro gran Dios y Salvador Jesucristo". Esta clase de esperanza es una garantía, una certeza.

Así que la esperanza de Dios es confianza, expectativa, y una garantía. En un mundo cambiante lleno de inseguridad, esta es la seguridad que tú y yo necesitamos desesperadamente. ¿Cómo funciona en la vida cotidiana?

- ❧ Cuando sobrellevas un matrimonio dividido, la esperanza de Dios dice que la sanidad es posible.
- ❧ Cuando enfrentas injusticia, la esperanza de Dios dice que habrá justicia.
- ❧ Cuando padeces sufrimiento, la esperanza de Dios dice que volverás a experimentar gozo.
- ❧ Cuando sufres traición, la esperanza de Dios dice que la verdad triunfará.
- ❧ Cuando sientes ansiedad, la esperanza de Dios dice que es posible hallar paz.
- ❧ Cuando experimentas debilidad, la esperanza de Dios dice que su fortaleza prevalecerá.
- ❧ Cuando encaras la muerte, la esperanza de Dios dice que hay vida después de la muerte.

………

¿Estás lista para poner tu confianza en algo seguro? ¿Anhelas poner fin a tus preocupaciones? ¿Quieres la garantía de que hay en este mundo algo más aparte de lo que ven nuestros ojos? La esperanza perfecta de Dios es una promesa que todos sin duda necesitamos.

LA VERDAD PERFECTA DE DIOS

¿Qué pasaría si quisieras construir una casa para tu familia junto a la playa? No junto a la playa sino en la arena misma. No podrías hacerlo, ¿cierto? La razón es que la arena no constituye un fundamento sólido y firme que soporte un edificio. Cuando viene una ola, se mueve la arena. Parte es arrastrada hacia el mar, y parte queda esparcida alrededor. Por eso los hoteles, casas y restaurantes están construidos lejos de las orillas, donde los cimientos pueden afirmarse sobre tierra firme.

Cuando las inundaciones de la vida amenazan con ahogarnos en desesperanza, la verdad de Dios es el chaleco salvavidas que nos mantiene a flote.

Esta es la imagen que Dios nos describe en Mateo 7:24-27:

> Por tanto, todo el que me oye estas palabras y las pone en práctica es como un hombre prudente que construyó su casa sobre la roca. Cayeron las lluvias, crecieron los ríos, y soplaron los vientos y azotaron aquella casa; con todo, la casa no se derrumbó porque estaba cimentada sobre la roca. Pero todo el que me oye estas palabras y no las pone en práctica es como un hombre insensato que construyó su casa sobre la arena. Cayeron las lluvias, crecieron los ríos, y soplaron los vientos y azotaron aquella casa, y ésta se derrumbó, y grande fue su ruina.

"Estas palabras" a las que se refiere el pasaje es la verdad contenida en la Biblia. Esta es la verdad perfecta que provee un cimiento firme para nuestro corazón y nuestra vida. Cuando los vientos de la vida nos azotan, la verdad de Dios nos mantiene seguras e inamovibles. Cuando las inundaciones de la vida amenazan con ahogarnos en desesperanza, la verdad de Dios es el chaleco salvavidas que nos mantiene a flote.

La verdad de Dios nos ayuda a ver en blanco y negro, lo bueno y lo malo. Contrario a la visión generalizada del mundo que considera la verdad como algo gris y relativo a lo que pensamos o sentimos, la verdad de Dios es absoluta. No cambia según nuestras emociones u opiniones. Por eso es inamovible, segura, firme.

La Biblia es nuestro libro de instrucciones para la vida. Dios desea que leamos las instrucciones y las sigamos. Él no promete que tendremos una vida perfecta, pero sí que nos enseñará a manejar las imperfecciones de la vida con gracia, esperanza, amor e integridad. Por eso es importante que leamos la Biblia cada día.

Una vez, oí a alguien decir que cuando lees la Biblia aumenta el vocabulario del Espíritu Santo en tu vida. ¡He comprobado la verdad de esta afirmación! Cuando Austin tenía apenas unas semanas de vida, tuvo un problema médico que requirió una resonancia magnética. Nos pidieron impedir que durmiera para que lo hiciera durante el examen. (¡Creo que nuestro esfuerzo por impedirle dormir nos dejó más somnolientos a nosotros que a él!).

Cuando llegamos al consultorio de la resonancia magnética, Austin no durmió en el examen. Al final, el operador de la resonancia dijo que la única manera como lograríamos hacerlo era acostándome boca arriba y sosteniendo a Austin encima de mí. Al sostenerlo él se quedaría dormido, pero también esta mamá claustrofóbica tenía que meterse en un escáner con un bebé encima de su vientre. ¡Eso no me parecía divertido!

Subí en la camilla y la enfermera puso a Austin sobre mi vientre. Su ansiedad disminuyó ¡y la mía empezó a aumentar! Durante el examen de treinta minutos estaríamos encerrados en un estrecho escáner sin poder movernos. De inmediato vino a mi mente Filipenses 4:13: "Todo lo puedo en Cristo que me fortalece". ¡Dios me habló por medio de su Palabra! Repetí mentalmente ese versículo una y otra vez durante el examen. Al cabo de treinta minutos, Austin estaba profundamente dormido, y yo casi. Dios me condujo en medio de este desafío con la verdad de su Palabra.

Cuando mi esposo dejó a nuestra familia durante un tiempo, me quedaba dormida llorando con mi Biblia al lado. Era la última cosa que leía antes de ir a dormir y la primera que veía y leía en la mañana. Incluso decidí ponerla cada noche sobre la almohada de Mark. Allí estuvo hasta que él regresó a casa tres meses después. Uno de los versículos que me dieron consuelo fue el Salmo 34:18: "El Señor está cerca de los quebrantados de corazón, y salva a los de espíritu abatido". Un versículo que me infundió esperanza fue Mateo 19:26: "Para los hombres es imposible —aclaró Jesús, mirándolos fijamente—, mas para Dios todo es posible".

Si no conoces bien la Biblia, escoge una versión que sea de fácil lectura, como la NVI (Nueva Versión Internacional) o la NTV (Nueva Traducción Viviente), o incluso una Biblia parafraseada. Un excelente comienzo es el libro de Proverbios. Es un libro lleno de sabiduría práctica que te guiará, animará y acompañará siempre. (Un dato interesante: Proverbios tiene treinta y un capítulos. Si puedes leer un capítulo diario, leerás el libro completo en un mes, y luego, si quieres, ¡puedes volver a empezar el mes siguiente!). En el libro de Mateo encontrarás la biografía de Jesús. Después de leer el libro de Mateo puedes probar el libro de Filipenses. Es corto, pero lleno de poder. Igual que el libro de Santiago. También puedes encontrar la Biblia en línea en www.biblegateway.com. Si tienes un smartphone, puedes tener acceso a la app YouVersion de la Biblia, donde también puedes encontrar toda clase de planes de lectura de la Biblia. Ah, y si buscas un gran libro devocional que te ayude a enfocarte en Dios y en su Palabra, te recomiendo *Jesús te llama* (Grupo Nelson), de

Sarah Young, que está disponible como libro y también aplicación para smartphone. *Jesus te llama* da vida a la Palabra de Dios como si Dios te hablara en persona. Si estás enfrentando una dificultad particular, te recomiendo el Apéndice B: "Dónde buscar ayuda cuando te sientes…". Este excelente recurso puede ayudarte a encontrar la verdad que necesitas cuando la necesitas.

¿Estás tratando de construir tu vida sobre arena movediza? ¿Te azotan los vientos de la vida? Es hora de ahondar tus raíces en la perfecta verdad de Dios que te dará los cimientos firmes que has buscado.

LA REDENCIÓN PERFECTA DE DIOS

Cualquiera que haya utilizado cupones de descuento conoce la palabra *redimir*. Cuando redimimos un cupón, lo intercambiamos por algo que queremos. También redimimos millas de aerolíneas cuando cambiamos los puntos que hemos acumulado por un boleto de avión a un destino que queremos. Siempre que se usa la palabra *redimir* involucra algún tipo de intercambio.

Uno de los regalos más hermosos que Dios nos da es la redención. Él hace un intercambio. Él nos restaura, rescata y libera como nadie más puede hacerlo.

Cuando Dios puso a Adán y a Eva en el huerto de Edén, Él tenía una relación personal perfecta con ellos. El Creador y las criaturas estaban conectadas. Cuando Dios les dio una sola regla, su relación con Dios se rompió. Con esa sola decisión equivocada, el pecado entró en el mundo. Ese pecado ahora separaba al Creador de las criaturas. (Puedes leer esta historia en el libro de Génesis, capítulos uno al tres). A lo largo del Antiguo Testamento vemos los esfuerzos que hace Dios para restaurar la relación con la humanidad a través de una ley establecida y sacrificios requeridos. (El Antiguo Testamento es la primera parte de la Biblia. Es la historia de Dios antes de que Jesús viviera en esta tierra). Antes de que Dios enviara a su

Hijo Jesús a la tierra, los pecadores no podían tener una relación personal con un Dios santo.

En el Nuevo Testamento vemos cómo Dios, en virtud de su inmenso amor por nosotros, envió a su Hijo Jesús a esta tierra para convertirse en el sacrificio perfecto y final.

Juan 3:16 nos dice: "Porque tanto amó Dios al mundo, que dio a su Hijo unigénito , para que todo el que cree en él no se pierda, sino que tenga vida eterna". Dios envió a su Hijo a esta tierra en parte para ser una demostración viviente de cómo vivir, pero principalmente para vivir una vida sin pecado y luego morir en una cruz en nuestro lugar. Su vida se intercambió por la nuestra. Por eso Jesús se llama nuestro "Redentor".

Sin embargo, Dios nunca se impondrá a la fuerza en nuestra vida. Él quiere una relación personal con nosotros en la cual interactuamos con Él a diario. No se trata de ir a la iglesia. Ir a la iglesia no es lo que nos da una relación con Dios. Me gusta mucho lo que Billy Sunday dijo alguna vez: "Ir a la iglesia no te hace cristiano, así como ir a un taller no te hace un automóvil". Ser parte de la comunidad de una iglesia es algo que hacemos para mantenernos en contacto con Dios y con otros creyentes. Es importante. Sin embargo, no es lo que establece una relación personal con Dios.

Jesús intercambió su vida perfecta por nuestras vidas imperfectas.

Como has visto, Dios extendió su mano y nos invita a tomarla y a decirle sí. Puedes hacer esto en la iglesia un domingo por la mañana, o puedes hacerlo sentada donde estás con este libro en tus manos. Dios quiere una amistad contigo. Jesús intercambió su vida perfecta por nuestras vidas imperfectas. Él nos salvó de una vida desperdiciada lejos de Él. Por eso se llama "Salvador".

Si nunca le has dicho sí a Dios, puedes hacerlo con una oración similar a esta: *Dios, quiero conocerte. Quiero que mi identidad la definas tú y nadie más. Gracias por enviar a Jesús a esta tierra. Lo acepto como mi Salvador y quiero que Él sea quien dirige mi vida. Hoy tomo tu mano que se extiende hacia mí. En el nombre de Jesús, amén.*

Si has hecho esta oración por primera vez, ¡quiero que me escribas un correo electrónico y me cuentes! (Encontrarás mi dirección de correo electrónico al final del libro). Solo escribe "¡He dicho sí!" en el asunto para que yo pueda verlo y celebrar contigo. Si hace un tiempo que has dicho sí a Dios, deja que este sea un recordatorio del hermoso intercambio que Dios ha hecho por ti. Él sigue activo en la obra de redención, pero no solo una vez en nuestra vida. Él sigue redimiendo. Eso significa que Él perdona el pasado y nos da un futuro. La Biblia nos dice que Él ha intercambiado una corona en lugar de cenizas (Is. 61:3). Esto significa que Dios puede sacar algo hermoso de las miserias de nuestra vida.

Uno de mis versículos favoritos de la Biblia es Joel 2:25, donde dice que Dios restaurará lo que las langostas han devorado. Esto significa que Él restaurará nuestra vida después de la asolación. No tenemos que preocuparnos por plagas de langostas en esta época, pero hay otras "plagas" que causan daño en nuestra vida. ¿Alguna vez has sufrido a causa de la angustia por un hijo rebelde? ¿Alguna vez te ha atacado el resentimiento por una relación rota? ¿Te ha invadido la culpa después de hacer algo indebido o pronunciar palabras que no debieron salir de tu boca? ¿Te ha agobiado una pena por un ser querido que ha traicionado tu confianza? Dios anhela redimir esas áreas que afligen. Él quiere intercambiarlas por algo nuevo. Él quiere restaurar y renovar aquello que está roto en tu vida.

He experimentado la redención de Dios en mi vida, y estoy muy agradecida. Cuando nuestra hija Erica cumplió catorce años, empezaron los cuatro años más difíciles de nuestra paternidad. Erica rechazó su fe y su familia de muchas maneras. Fue agotador ser sus padres. Ella se casó a los dieciocho y al poco tiempo empezó a volver a su fe cuando su esposo Kendall empezó su propia relación con

Dios. Cuando Kendall fue enviado a Irak en misión militar durante un año, ella pidió mudarse de nuevo a casa. Mark y yo pensamos seria y largamente la posibilidad de tenerla en casa durante un año, y al fin decidimos acceder. A medio camino de ese año en casa, empecé a llamarlo nuestro "año de bonificación". Era una dicha estar con Erica. Disfrutamos esta nueva relación con nuestra hija adulta y casada. El hijo pródigo estaba en casa, y vimos de primera mano cómo Dios redimía lo que las langostas habían devorado.

Me encanta la historia de José en la Biblia. José fue uno de los hijos menores de doce, y el favorito de su padre. El padre de José le dio una túnica especial que estaba hecha de diferentes colores. Los hermanos de José le tenían envidia y decidieron arrojarlo en un foso y luego venderlo como esclavo. Le dijeron a su padre que a José lo había matado un animal salvaje.

Pasaron los años, y José vivió experiencias terribles. Fue esclavo. Fue acusado falsamente y encarcelado. Parecía que el mundo lo había olvidado. Pero Dios tenía otros planes. Dios eligió redimir los años que las langostas habían devorado de la vida de José. Al final, Dios no solo sacó a José de la cárcel sino que lo estableció como la mano derecha del faraón. La sabiduría de José salvó a Egipto de quedar arruinado durante una sequía que duró siete años. En un giro inesperado, los hermanos de José terminaron en Egipto para implorar su ayuda (¡aunque no tenían idea de que el hombre a quien rogaban era en realidad su hermano!). Me encanta lo que José dice al final a sus hermanos: "En verdad que ustedes pensaron hacerme mal, pero Dios transformó ese mal en bien para lograr lo que hoy estamos viendo: salvar la vida de mucha gente" (Gn. 50:20).

Dios anhela traer restauración a nuestra vida. Él quiere usar nuestras experiencias para sus propósitos. Él puede tomar lo malo en nuestra vida y transformarlo en algo bueno. También he experimentado esto personalmente. No creo en absoluto que Dios quisiera que mi esposo abandonara nuestro hogar. Creo que Dios se dolió junto conmigo cuando Mark deambulaba en su propio desierto personal. Sin embargo, puedo decirte que Dios usó para bien esa etapa dura de mi vida. Para empezar, Dios aumentó en gran manera mi compasión por la gente que sufre. Yo era una persona de mente tan estrecha que, antes de esta dolorosa experiencia, sentía muy poca compasión por otras personas. Ahora mi corazón se duele cuando me entero de que alguien sufre. En segundo lugar, Dios aumentó mi capacidad de sentir empatía por otros. Sé cómo se siente ser traicionado y herido profundamente. Ahora sé mejor cómo relacionarme con los sentimientos que otros experimentan en situaciones similares. Tercero, Dios incrementó mi amor por la Biblia en un nivel totalmente nuevo cuando tuve que depender de ella para sobrellevar los días en los que solo quería arrastrarme a la cama y aislarme del mundo. Dios usó una situación muy difícil para acercarme a Él y a su Palabra.

¿Hay desgracias en tu vida que te gustaría que Dios usara para bien? ¿Estás lista para intercambiar tus cenizas por una corona? Él está listo y dispuesto, y es poderoso para hacerlo ¡si tan solo tú le permites hacer su mejor obra!

¿QUÉ VAS A HACER?

Ahora tú y yo somos muy conscientes de la infección de la perfección. Ahora estamos mejor equipadas para identificar las señales de alerta de esta epidemia cultural. También nos han revelado los antídotos que pueden empezar a erradicar la enfermedad que por demasiado tiempo ha traído división entre las madres.

Me encanta el concepto de una amiga experimentada acerca de la infección de la perfección: "Entre más envejezco, más descubro de cerca que no hay vidas ajenas que sean envidiables. Necesito prestar más atención a las bendiciones que tengo y menos a la ilusión miope de que otros son mejores o tienen una vida mejor que la mía". Qué hermosa manera de resumir la esencia de este libro.

·········

La pregunta es: ¿qué vas a hacer ahora? ¿Seguirás como eras antes de aprender todo esto? ¿Seguirás esparciendo la enfermedad? ¿Esperarás simplemente a que alguien más en tu círculo de influencia dé el primer paso?

Con esperanza me gustaría pedirte que consideraras estas cuatro preguntas:

1. *¿Optarás por un cambio definitivo en ti* ahora que puedes ver el daño que causa la infección de la perfección en nuestra vida, nuestra familia y nuestras amistades?
2. *¿Serás parte de la solución* al llevar la cura en tu círculo de influencia y aplicar los antídotos tanto como puedas?
3. *¿Te comprometerás* a ser la mejor madre que puedes ser sin imponer falsas expectativas sobre ti misma o sobre los demás?
4. *¿Aceptarás una nueva imagen* de la verdadera maternidad y la comunicarás a otros? Esto significa:

No más expectativas.
No más orgullo.
No más temor.
No más inseguridad.
No más juicio.
No más comparaciones.
No más agenda.
No más logros.
No más madres perfectas.

…solo madres imperfectas que hacen una obra con la ayuda de un Dios perfecto.

¡Lo que soy
A LOS OJOS DE DIOS!

Soy fiel (Efesios 1:1).

Soy hija de Dios (Juan 1:12).

Soy amiga de Dios (Juan 15:15).

Pertenezco a Dios (1 Corintios 6:20).

Estoy segura de que todas las cosas obran para mi bien (Romanos 8:28).

Estoy confiada en que Dios perfeccionará la obra que ha empezado en mí (Filipenses 1:6).

Soy ciudadana del cielo (Filipenses 3:20).

No he recibido un espíritu de temor sino de poder, amor y dominio propio (2 Timoteo 1:7).

Soy nacida de Dios, y el maligno no me puede tocar (1 Juan 5:18).

Soy escogida antes de la fundación del mundo (Efesios 1:4, 11).

Soy adoptada como hija de Dios (Efesios 1:5).

He recibido la gloriosa gracia de Dios en abundancia con toda sabiduría y entendimiento (Efesios 1:5, 8).

Soy perdonada (Efesios 1:7; Colosenses 1:14).

Tengo un propósito (Efesios 1:9, 3:11).

Tengo esperanza (Efesios 1:18).

He sido escogida (Efesios 1:3-4).

Soy colaboradora de Dios (2 Corintios 6:1).

Me han revelado las incomparables riquezas de la gracia de Dios (Efesios 2:7).

Dios me ha manifestado su bondad (Efesios 2:7).

Soy la obra maestra de Dios (Efesios 2:10).

Tengo paz (Efesios 2:14).

Tengo acceso al Padre (Efesios 2:18).

Soy miembro de la familia de Dios (Efesios 2:19).

Estoy segura (Efesios 2:20).

Soy morada del Espíritu Santo (Efesios 2:22).

El poder de Dios obra a través de mí (Efesios 3:7).

Puedo acercarme a Dios con libertad y confianza (Efesios 3:12).

Sé que mi sufrimiento tiene un propósito (Efesios 3:13).

Estoy completa en Dios (Efesios 3:19).

Puedo ser humilde, amable, paciente, y ser tolerante con los demás en amor (Efesios 4:2).

Puedo madurar espiritualmente (Efesios 4:15).

Puedo tener una nueva actitud y un nuevo estilo de vida (Efesios 4:21-32).

Puedo ser amable y compasiva con otros (Efesios 4:32).

Puedo perdonar a otros (Efesios 4:32).

Puedo entender la voluntad de Dios (Efesios 5:17).

Puedo dar gracias por todo (Efesios 5:20).

No tengo que tener siempre mi propia agenda (Efesios 5:21).

Puedo honrar a Dios por medio del matrimonio (Efesios 5:22-33).

Puedo criar a mis hijos con calma (Efesios 6:4).

Puedo ser fuerte (Efesios 6:10).

Tengo el poder de Dios (Efesios 6:10).

Puedo permanecer firme contra el maligno (Efesios 6:13).

No estoy sola (Hebreos 13:5).

Estoy creciendo (Colosenses 2:7).

Estoy unida a otros creyentes (Juan 17:20-23).

Nada me falta (Filipenses 4:19).

He recibido la promesa de la vida eterna (Juan 6:47).

Soy escogida y muy amada (Colosenses 3:12).

Soy sin culpa (1 Corintios 1:8).

Soy libre (Romanos 8:2; Juan 8:32).

Soy luz en el mundo (Mateo 5:14).

Soy más que vencedora (Romanos 8:37).

Estoy segura (1 Juan 5:18).

Soy parte del reino de Dios (Apocalipsis 1:6).

Ya no estoy condenada (Romanos 8:1-2).

Ya no estoy desvalida (Filipenses 4:13).

Estoy protegida (Juan 10:29).

He nacido de nuevo (1 Pedro 1:23).

Soy una nueva creación (2 Corintios 5:17).

He sido librada (Colosenses 1:13).

Soy victoriosa (1 Corintios 15:57; 1 Juan 5:4).

Compilación de Beth Bolthuse, M.A., LPC
www.lifeinvestmentnetwork.com. Usada con permiso.

APÉNDICE B

⌒◝

DÓNDE ENCONTRAR
AYUDA CUANDO *siento*
O CUANDO *me siento...*

Abrumada	Salmo 46:1; Salmo 50:15; Proverbios 11:8; Santiago 1:2-3
Aburrida	1 Tesalonicenses 5:16, 18; Filipenses 4:8; Efesios 5:15-16; Salmo 34:1
Amargada	1 Corintios 13; Hebreos 12:14-15; Efesios 4:31-32
Crítica	Mateo 7:1-5; Romanos 1:32-2:1; Santiago 4:11-12
Culpable	1 Juan 1:9; Salmo 51; Salmo 103; Hebreos 10:17; Romanos 8:1
Débil	Isaías 40:29-31; 1 Corintios 12:9; 2 Timoteo 1:7; Filipenses 4:13
Decepcionada	Salmo 16:11; Jeremías 29:11-13; Filipenses 4:19; Juan 14:1

Deprimida	Salmo 34; Salmo 37; 2 Corintios 4:7-10, 16-18; Mateo 11:28
Desanimada	Salmo 23; Salmo 42:6-11; Salmo 55:22; Mateo 5:11-12
Despreciable	1 Samuel 16:7; Salmo 139:13-15; Juan 10:3; Jeremías 31:3
Difamada	Salmo 15:1-3; Mateo 5:11-12; Mateo 12:36; 1 Corintios 4:13
Duda	Números 23:19; Mateo 8:26; Juan 14:1; Proverbios 3:5-6
Enojada	Efesios 4:26-27, 31-32; Colosenses 3:7-8, 12-17
Falsa	Proverbios 12:22; Jeremías 7:8-10; 1 Tesalonicenses 4:6; Juan 8:32
Hipócrita	Lucas 6:46; Tito 1:16; 1 Pedro 2:1; Efesios 4:1
Impaciente	Salmo 25:5; Salmo 27:14; Habacuc 2:3; Salmo 37:34
Incredulidad	Marcos 9:24; 2 Timoteo 2:13; Hebreos 11:6; Juan 14:1
Ingrata	Salmo 69:30; Efesios 5:20; 1 Tesalonicenses 5:18; 1 Timoteo 2:1
Inmoral	1 Pedro 2:11; Gálatas 5:16; 2 Timoteo 2:22; Salmo 51
Juez de otros	Mateo 7:1-5; Lucas 6:37
Odio	Proverbios 10:12; 1 Juan 2:9-11; 1 Juan 3:10-15; 1 Juan 4:20

Orgullosa	Proverbios 16:18; 1 Corintios 10:12; Filipenses 2:3; Santiago 4:6
Pereza	Romanos 12:11; Efesios 5:15-16; Hebreos 6:12; Proverbios 6:6-11
Perseguida	1 Timoteo 3:12; Juan 15:20; Hechos 14:22; Hebreos 12:3
Preocupada	Mateo 6:19-34; Lucas 12:25-26; Filipenses 4:6-7; Salmo 23
Presionada	Isaías 26:3; 2 Crónicas 16:9; Filipenses 4:13; 2 Timoteo 1:7
Rechazada	Jeremías 31:3; Romanos 5:8; 1 Juan 4:8-19; Lamentaciones 3:22-23
Sola	Salmo 23; Salmo 68:6; Hebreos 13:5-6; Jeremías 23:23; Mateo 28:20
Suicida	Lucas 4:9-12; Génesis 28:15; 2 Pedro 2:9; Salmo 23
Temor	Salmo 34:4; Mateo 10:28; 2 Timoteo 1:7; Hebreos 13:5-6
Triste	Isaías 14:3; Romanos 8:28; Apocalipsis 21:4; Isaías 35:10
Vencida	Romanos 8:31-39; Filipenses 4:13; 1 Pedro 1:6-7; 1 Pedro 5:7
Vengativa	Proverbios 17:13; Romanos 12:16-19; 1 Pedro 2:23
Vergüenza	Salmo 27:1-3; Salmo 34, Salmo 35; Colosenses 3:1-2; Salmo 23

Reconocimientos

Ningún libro se escribe en aislamiento. Este mensaje es el resultado de mis experiencias personales y las de miles de madres a las que he animado en los últimos veinte años. A la luz de esto, quiero expresar mi gratitud a:

Cada madre que me ha contado su historia, sus frustraciones, alegrías y descubrimientos. Cada historia me ha ayudado a estructurar el mensaje de este libro.

Las bellas personas que conforman el equipo de liderazgo de Hearts at Home. Es un gozo servir con un grupo tan maravilloso de hombres y mujeres.

Mis lectoras y madres en el oficio que me han dado sus valiosos comentarios iniciales: Becky, Bonnie, Kelly, Megan, Angie, Anne, y Erica. Su disposición a leer algunos o todos los capítulos en su proceso de creación fue muy importante.

Mi equipo de oración: ¡gracias por permanecer en la brecha por mí! Su tiempo de rodillas es una contribución más importante para este libro de lo que puedo expresar con palabras.

El equipo de Moody Publishers: Deb Keiser, Michele Forrider, Janis Backing, Holly Kisly. ¡Gracias por creer en el mensaje de este libro! Gracias, Annette LaPlaca, por reforzar el mensaje con tus maravillosas habilidades de editora.

Anne, Evan, Erica, Koyla y Austin: gracias por permitirme contar sus historias. ¡Ustedes son los mejores hijos que una madre podría desear!

Mark: Amo la manera como Dios está reescribiendo nuestra historia de amor.

Dios: Gracias por amar de manera tan perfecta a esta madre imperfecta.

Querida lectora,

¡Me encantaría saber cómo este libro te ha animado! Puedes escribirme un correo electrónico a mi dirección jillannsavage@ yahoo.com. También puedes encontrarme en Facebook (Jill Fleener Savage) y en Twitter (jillsavage).

Te recomiendo visitar el sitio de *No More Perfect Moms* en www. NoMorePerfectMoms.com, donde encontrarás recursos adicionales (en inglés) para animarte y capacitarte para dirigir, si lo deseas, un grupo de estudio del libro.

También encontrarás más inspiración en:

* Mi blog y página web: www.jillsavage.org
* El sitio web de *Hearts at Home*: www.hearts-at-home.org

Tu compañera de viaje,

Jill

¡LOS HIJOS NO TIENEN QUE SER PERFECTOS!

Ama a tus hijos tal como son

Prólogo por GARY CHAPMAN

JILL SAVAGE & KATHY KOCH, PhD

Jill Savage y Kathy Koch guiarán a los padres para que puedan apreciar realmente a sus hijos. Les enseñarán a estudiar y a convertirse en expertos en sus hijos, porque no pueden aceptarlos plenamente hasta conocerlos realmente.

Escrito en un tono apasionado, sincero y personal, Jill y Kathy infundirán esperanza y paz a los padres. Estos se sentirán inspirados para aplicar las ideas y tácticas realistas, prácticas y pertinentes que se encuentran en este libro.

E D I T O R I A L
PORTAVOZ

NUESTRA VISIÓN

Maximizar el efecto de recursos cristianos de calidad que transforman vidas.

NUESTRA MISIÓN

Desarrollar y distribuir productos de calidad —con integridad y excelencia—, desde una perspectiva bíblica y confiable, que animen a las personas a conocer y servir a Jesucristo.

NUESTROS VALORES

Nuestros valores se encuentran fundamentados en la Biblia, fuente de toda verdad para hoy y para siempre. Nosotros ponemos en práctica estas verdades bíblicas como fundamento para las decisiones, normas y productos de nuestra compañía.

Valoramos la excelencia y la calidad
Valoramos la integridad y la confianza
Valoramos el mérito y la dignidad de los individuos
y las relaciones
Valoramos el servicio
Valoramos la administración de los recursos

Para más información acerca de nuestra editorial y los productos que publicamos visite nuestra página en la red: www.portavoz.com